Yuko Katayama

Mein Lieblings-Mantel selbstgenäht

Ein Wort zu japanischen Schnittmustern und europäischen Kleidergrößen

Liebe/r Leser/in,
wir freuen uns, dass du dir mit diesem Buch deinen Lieblingsmantel nähen möchtest! Die Originalausgabe von „Mein Lieblingsmantel selbst genäht“ stammt aus Japan. Und während japanische Nähbücher in Bezug auf Anleitungstiefe und -detailgrad das Näh-Herz höher schlagen lassen, kann die Größenauswahl der Schnitte für Hobby-Schneider/innen aus Deutschland manchmal ein bisschen frustrierend sein.
Die Durchschnitts-Größen japanischer Schnitte sind in den meisten Fällen kleiner und schmäler als die Durchschnitts-Größen in Deutschland. Deshalb haben wir die Größen in dieser Ausgabe bis auf Größe 44 und einen Brustumfang von 98 cm erweitert. Das reicht dir noch nicht? Damit du trotzdem die für dich perfekte Passform erreichst und möglichst viel Spaß mit dem Buch hast, haben wir auf unserer Webseite eine Reihe von Tutorials für Schnittanpassungen online gestellt. Mit deren Hilfe kannst du die Schnitte aus diesem Buch nach Belieben verlängern oder kürzen, weiter oder enger machen oder sonst nach Lust und Laune anpassen.

Du findest die Tutorials unter www.stiebner.com/tutorials.

Jetzt aber viel Spaß mit dem Buch und ran an den ersten Mantel!

Du weißt bereits, wie viel Spaß das Nähen macht? Du beherrschst die Grundlagen und suchst nach neuen Herausforderungen? Auch wenn die Modelle in diesem Buch anspruchsvoll und nicht ganz einfach zu nähen sind – die Freude, wenn der fertige Mantel dann vor dir liegt, wird umso größer sein. Mit jedem vollendeten Teil wirst du das Gefühl haben, etwas Neues über das Schneidern gelernt und dein Können erweitert zu haben. Genieße also jeden einzelnen Arbeitsschritt bis hin zum fertigen Modell.

Yuko Katayama, Näh-Expertin

1 Fünf Grundschnitte – 18 Modelle
Aus fünf Grundschnitten entstehen durch kleine Abänderungen 18 verschiedene Modelle! Wer gern Mäntel näht, kommt mit diesem Buch voll auf seine Kosten.

2 Durchdachte, einfache Schnittmuster
Alle Schnittmuster sind von A bis Z gründlich durchdacht und können mithilfe der Nähmaschine und des üblichen Schneiderzubehörs umgesetzt werden. Und durch die detaillierten Schritt-für-Schritt-Anleitungen kann jeder perfekte Ergebnisse erzielen!

3 Aus jedem Stoff zu schneidern
Da du jedes Modell unabhängig von der Jahreszeit aus deinem Lieblingsmaterial nähen kannst, hast du verschiedene Optionen. Durch die Wahl unterschiedlichster Stoffe werden aus einfachen Schnittmustern originelle Einzelstücke!

4 Leicht verständliche Anleitungen mit Video-Tutorials
Die wichtigsten Fertigungsschritte bei einem Mantel werden exemplarisch anhand von Fotos erklärt; an den komplizierteren Stellen hilft ein QR-Code weiter, hinter dem sich ein kurzes Video-Tutorial verbirgt. So gelingt das Projekt garantiert!

5 Mit deinen Meisterwerken Geld verdienen? Aber natürlich!
Du darfst die Schnittmuster in diesem Buch zwar weder kopieren noch weiterverkaufen, aber die fertigen Modelle kannst du gern zum Kauf anbieten. Wenn du mit deiner Nähkunst anderen eine Freude machen möchtest, nur zu!

Inhalt

Einlage: 2 Schnittmusterbogen in Originalgröße

Grundschnitt

Drop-Shoulder-Mantel

Wer sich zum ersten Mal an einen gefütterten Mantel wagt, sollte mit diesem einfachen Modell beginnen. Es hat überschnittene Schultern, aufgesetzte Taschen und statt Knopflöchern nur Druckknöpfe als Verschluss sowie leicht einzusetzende Ärmel.
Mit seinem großzügigen Schnitt passt der Mantel über jedes Outfit – du wirst ihn gar nicht mehr ausziehen wollen! Der hochwertige Wollstoff unterstreicht elegant das schlichte Design.

- mittellange Variante
- Rundhalsausschnitt
- aufgesetzte Taschen
- Druckknöpfe
- Futter

● Anleitung auf Seite 46

Die Taschen setzen trotz ihrer einfachen Form einen besonderen Akzent. Sie werden mit Blindstichen festgenäht, wodurch sie elegant und dezent wirken.

Geschlossen wird der Mantel unsichtbar mit großen Druckknöpfen. Zurückhaltend wirken hier Varianten aus Kunststoff in der Farbe des Stoffes.

Die Armkugel ist flach und muss nicht eingehalten werden, was das Einnähen des Ärmels erleichtert. Und zudem trägt sich diese Form bequem!

Das in sich gemusterte Polyesterfutter sorgt für Eleganz. Da die Nahtzugaben nicht versäubert werden müssen, ist das Einnähen einfacher als erwartet.

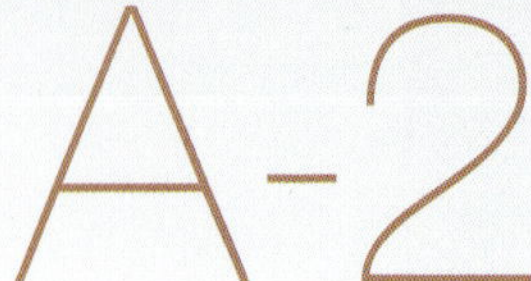

Drop-Shoulder-Mantel

Ungefüttert und ungesäumt

Wollwalk franst nicht aus und ist daher sehr einfach zu verarbeiten. Dank dieses Vorteils können die vorderen Kanten sowie Ärmel und Taschen ungesäumt bleiben. Einen hübschen Akzent setzen die beiden Ziernähte an den Schnittkanten, die gleichzeitig der Verstärkung dienen. Der knopflose Mantel wirkt insgesamt eher wie ein legerer langer Cardigan und ist im Nu genäht.

● Anleitung auf Seite 44

- lange Variante
- kragenloser V-Ausschnitt
- aufgesetzte Taschen
- ohne Futter

 Stoff: Wollwalk/Kochwolle

A-3 Drop-Shoulder-Mantel

Ungefütterter Langmantel

Die Seitenschlitze sorgen bei diesem Mantel trotz seiner Länge für hervorragende Beinfreiheit. Der dünne, gut fallende Wollstoff muss nicht gefüttert werden und schwingt beim Gehen lässig mit. Daraus wird garantiert ein Lieblingsstück für den Frühling oder Herbst. Der Kragen sieht raffiniert aus, entsteht aber einfach durch Umschlagen der tief überlappenden Vorderteile. Mit einem weiteren Knopf bis zum Halsansatz geschlossen, wirkt er wieder anders.

● Anleitung auf Seite 48

- lange Variante
- einfacher Reverskragen
- Paspeltaschen
- ohne Futter

Stoff: dünner Wollstoff

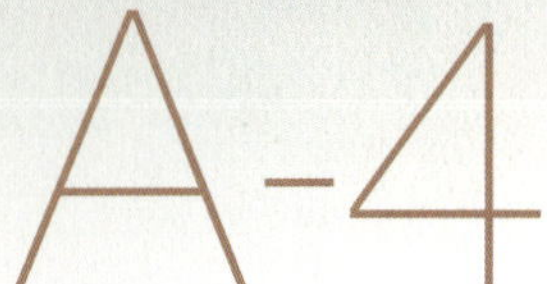

Drop-Shoulder-Mantel

Kurzmantel mit Kapuze

Verkürzt man den Schnitt und setzt eine Kapuze am Halsansatz an, wird aus dem Grundmodell ein aparter Kurzmantel. Aus grobem Wolltweed genäht, ist er besonders attraktiv. Die Kapuze wirkt von vorn wie ein Kragen, sie besteht komplett aus Oberstoff, sodass auch bei offenem Mantel kein Futter zu sehen ist. Der Knebelknopf setzt einen interessanten Akzent.

● Anleitung auf Seite 50

- kurze Variante
- Kapuze
- Nahttaschen
- Futter
- Knebelknopf

 Stoff: Fancy-Wolltweed

Grundschnitt

Mantel mit Raglanärmeln

Die charakteristische Nahtführung der Raglanärmel wird hier zum Designmerkmal. Die Grundform wirkt mit Stehkragen und mehreren Knöpfen eher klassisch, was durch den Tuchloden in gediegenem Weinrot noch betont wird. Damit sie edler aussehen, habe ich die Knopflöcher paspeliert, aber wem das zu schwierig ist, der kann auch einfache Knopflöcher nähen. Ein konventioneller, eleganter Mantel für jede Gelegenheit.

- mittellange Variante
- Stehkragen
- Leistentaschen
- Futter
- Paspelknopflöcher

● Anleitung auf Seite 52

Eine sanft gerundete Schulterlinie und viel Bewegungsfreiheit machen den Reiz von Raglanärmeln aus. Da diese nicht eingehalten werden müssen, bewältigen auch Anfänger die Herausforderung.

Die Knopflöcher werden vor dem Zusammennähen der Teile paspeliert. Auch wenn es etwas Zeit und Mühe kostet, solltest du es ruhig einmal probieren. Achtung: Für dicke Stoffe sind sie nicht geeignet!

Der Mantel hat typische Leistentaschen. Es gibt verschiedene Methoden, sie einzuarbeiten; mit dieser detaillierten, leicht verständlichen Anleitung wirst auch du die Technik bald meistern.

Der Stehkragen hält nicht nur schön warm, sondern wirkt geradlinig und modern und ist dabei einfacher zu nähen als ein normaler Halsausschnitt. Sehr schick auch offen getragen mit Schal oder Tuch.

B-2 Mantel mit Raglanärmeln

Ungefüttert mit Rundkragen

Der etwas größere und sanft abgerundete Kragen verleiht diesem einfachen Mantel den modischen Pfiff. Das Material ist ein beschichteter („gebondeter") Strickstoff, der auch einlagig die Form behält und nicht knittert. Auch aus einem dickeren Doppeljersey sieht der Mantel hübsch aus. Die Nahtzugaben werden mit Schrägstreifen versäubert.

● Anleitung auf Seite 54

- lange Variante
- Rundkragen
- Paspeltaschen
- ohne Futter

 Stoff: gebondeter Polyesterstrick

B-3 Mantel mit Raglanärmeln

Langer Wendemantel

Mit nur wenigen Änderungen wird aus demselben Grundschnitt ein schicker, dezenter Mantel ohne Kragen. Das praktische Stück besteht aus einem wendbaren Stoff (Doubleface) und kann somit von beiden Seiten getragen werden. Die Kanten müssen zwar von Hand versäubert werden, dafür ist die Methode unkompliziert und das Erfolgserlebnis umso größer.

● Anleitung auf Seite 57

- lange Variante
- V-Ausschnitt ohne Kragen
- wendbar
- Gürtel
- ohne Futter

Stoff: doppelseitiger Wollstoff

Grundschnitt

Mantel mit Reverskragen

Durch den Reverskragen scheint die Ärmelansatznaht optisch höher zu liegen. Er sieht kompliziert aus, erfordert aber keine besondere Nähtechnik: Folge einfach Schritt für Schritt der Anleitung, um den Kragen anzufertigen. Dank der lockeren Silhouette wirkt der Mantel insgesamt eher leger. Ob du dich an ein lebhaftes Karomuster wagst oder lieber bei einem einfarbigen Material bleibst, liegt ganz bei dir. Such dir also dafür deinen Lieblingsstoff aus!

- mittellange Variante
- Paspeltaschen
- Futter

● Anleitung auf Seite 30

Arbeitet man mit etwas breiteren Paspeln, sind diese Taschen gar nicht mehr so schwierig zu nähen, vor allem bei dicken Wollstoffen. Sobald du dich mit der Technik vertraut gemacht hast, gelingen dir auch schmalere Paspeln bei dünneren Stoffen.

Auch der schicke Reverskragen ist relativ einfach zu nähen. Das Wichtigste daran ist, dass die Kragenecken sorgfältig ausgearbeitet sind. Mit einem originellen Etikett ist der Mantel dann kaum noch von Konfektionsware zu unterscheiden!

Achtet man beim Zuschnitt des Karostoffs darauf, dass das Muster an den Teilen genau übereinstimmt, wird das Ergebnis perfekt sein. Wegen der kräftigen Stofffarbe wurden hierfür einfache Knöpfe gewählt, wie sie für Herrenmäntel üblich sind.

Harris-Tweed ist eine besonders interessante Tweed-Art. Das Muster wirkt auf den ersten Blick auffällig, wird aber durch die dunkleren Farbtöne gedämpft, was den Mantel sehr attraktiv macht.

Mantel mit Reverskragen

Ungefütterter Langmantel

Dieser leichte Mantel besteht aus einem Baumwoll-Nylon-Gemisch und ist bestens geeignet zum schnellen Überziehen, wenn es einmal kühler wird. Dass er sich kompakt zusammenlegen lässt, macht ihn außerdem zum idealen Reisebegleiter. Aus einem Wasser abweisenden Stoff wird er zum Regenmantel. Die Nahtzugaben des dünnen Stoffs lassen sich gut mit Overlock- oder Zickzackstich versäubern. Und beim Nähen ist er genauso unkompliziert wie beim Tragen!

● Anleitung auf Seite 58

- lange Variante
- Leistentaschen
- ohne Futter

 Stoff: Baumwoll-Nylon-Duvetine (sog. „Pfirsichhaut“)

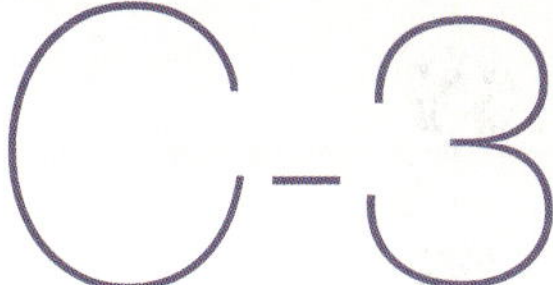

Mantel mit Reverskragen

Kurzmantel

Diese stark verkürzte Version wirkt wie ein Jackett. Die Rundungen am Saum und am Kragen verleihen dem Grundschnitt einen anderen Charakter – das Modell macht damit einen weichen und lässigen Eindruck. Aus leicht strukturiertem oder gemustertem Stoff sieht der Kurzmantel am interessantesten aus. Besonders gut passt er zu Hosen.

● Anleitung auf Seite 56

- kurze Variante
- Nahttaschen
- Futter

Stoff: Wolltweed mit Schlingenstruktur

Mantel mit Reverskragen

Wendemantel

Dieser Mantel aus „Black Watch“, dem traditionellen Schottenkaro, und einer dunkelgrauen Abseite kann beidseitig getragen werden und ist damit ein praktischer Begleiter. Als Wendemantel hat er zwei gleiche Seiten und kommt ohne Belege aus, was auch das Nähen des Kragens erleichtert. Der Kontraststoff am Revers setzt dabei einen hübschen Akzent. Taschen wurden hier nur auf der grauen Seite aufgesetzt.

● Anleitung auf Seite 62

- mittellange Variante
- aufgesetzte Taschen
- wendbar

 Stoff: doppelseitiger Wollstoff (Doubleface)

Grundschnitt

Mantel mit hoher Armkugel

Das Einsetzen der Ärmel mit eingehaltener Armkugel erfordert etwas Fingerspitzengefühl. Doch wenn du sorgfältig arbeitest, wird das Ergebnis einfach umwerfend sein! Dieser einfache, elegante Mantel für jedes Alter kann auch kürzer oder länger geschnitten sein und sollte in keinem Kleiderschrank fehlen. Aus einem hochwertigen Stoff genäht, wird daraus ein treuer Begleiter.

- mittellange Variante
- Rundhalsausschnitt
- Nahttaschen
- Schlitz hinten
- Futter
- Druckknöpfe

● Anleitung auf Seite 64

Zuerst werden die Ärmellängsnähte geschlossen, dann wird die Armkugel an der Schulter eingehalten und in das Armloch eingesetzt. So entsteht eine plastische Form, die den Armansatz betont.

Damit der schöne langflorige Stoff gut zur Geltung kommt, hat der Mantel einen schlichten Verschluss aus Druckknöpfen in ähnlicher Farbe.

Die Taschen werden unauffällig in die Seitennähte eingearbeitet, so wirken sie einfach und elegant.

Der fein gestreifte Futterstoff verleiht dem Modell eine verspielte Note. Die frischen Farben bilden einen aparten Kontrast zum dunkelblauen Oberstoff.

Mantel mit hoher Armkugel

Trenchcoat

Eine spannende Herausforderung ist der beliebte Trenchcoat mit vielen funktionellen Details. Für diese lässige Variante wurde ein Material mit Stretchanteil gewählt, so ist er weniger steif und trägt sich angenehmer als die klassische Version. Es sind zwar viele Schnittteile zu verarbeiten, aber das Nähen selbst ist nicht schwieriger als bei anderen Modellen. Wer gern näht, wird den Entstehungsprozess genießen!

● Anleitung auf Seite 60

- lange Variante
- Umschlagkragen
- Leistentaschen
- Schlitz hinten
- Passe, Schulterklappen, Ärmelriegel, Gürtel
- Futter

 Stoff: Baumwollstretch

Mantel mit hoher Armkugel

Ungefütterter Langmantel

Die leichte Variante dieses Grundschnitts eignet sich gut für den Frühling. Der Baumwollstoff hat wenig Gewicht, was dem Mantel trotz der Länge eine weiche Silhouette verleiht. Denim passt zu allem, der Mantel ist also ein echter Allrounder! Er wirkt „angezogen“ und harmoniert mit verschiedenen Kleidungsstilen.

● Anleitung auf Seite 71

- lange Variante
- Umschlagkragen
- Leistentaschen
- Schlitz hinten
- ohne Futter

Stoff: Baumwoll-Polyester-Gemisch mit Stretchanteil

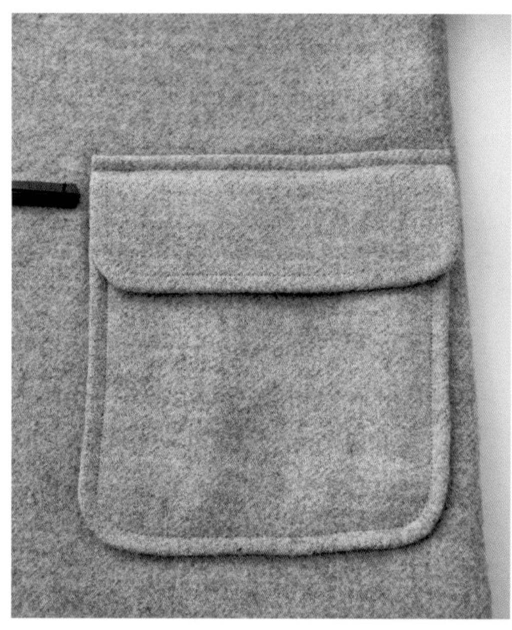

Oben: Wenn die Naht an den aufgesetzten Klappentaschen noch stärker zur Geltung kommen soll, verwendet man dafür am besten dickeres Garn.

Rechts oben: Knebelknöpfe gibt es fertig zu kaufen, aber die Konstruktion mit den schwarzen Lederbändern ist eine Eigenkreation. In Schwarz wirkt das Ergebnis besonders elegant.

Rechts unten: Die Ärmelspange wird mit einem Knopf in passender Farbe zu den Knebelknöpfen befestigt. Die Steppnaht sollte genauso breit sein wie die an den Taschen und dem Koller etc.

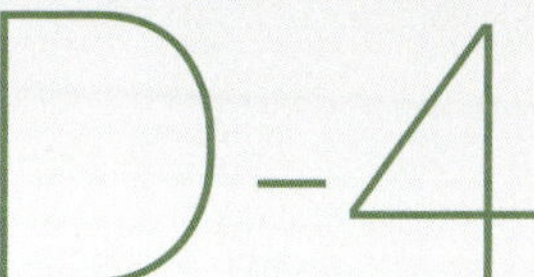

Mantel mit hoher Armkugel

Dufflecoat

Dufflecoats, die an Erwachsenen gut aussehen, sind nicht leicht zu finden – darum habe ich hier einmal etwas Eigenes ausprobiert. Aus einem grau meliertem Wollstoff mit schwarzen Knebelknöpfen wirkt er ebenso bezaubernd wie schick. In einem etwas festeren Stoff kommt die Plastizität, wie etwa die der Kapuze, schön zur Geltung.

● Anleitung auf Seite 66

- mittellange Variante
- Kapuze
- aufgesetzte Klappentaschen
- Koller, Ärmelspangen
- Futter
- Knebelknöpfe

Stoff: dicker Wollstoff

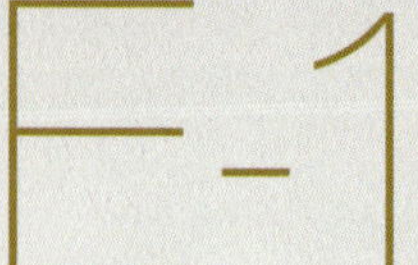

Grundschnitt

Mantel mit Kimonoärmeln

Zum Schluss möchte ich noch einen eher ungewöhnlichen Entwurf vorstellen: Die Kimonoärmel sind an Vorder- und Rückenteil angeschnitten, diese werden dann an die Seitenteile genäht. Da das Modell nur aus wenigen Schnittteilen besteht und die Ärmel nicht eingesetzt werden müssen, gehen das Zuschneiden und Nähen besonders schnell. Mit seinem aparten Schnitt verleiht der Mantel jedem Outfit eine individuelle Note. In Winterweiß wirkt er besonders edel.

● Anleitung auf Seite 68

- kurze Variante
- Umschlagkragen, doppelreihiger Verschluss
- Nahttaschen mit angeschnittenem Taschenbeutel
- Futter

Die spitzwinklige Naht am angeschnittenen Ärmel ist das besondere Merkmal dieser Mantelform. Die Naht ist etwas knifflig, aber in dickem, nicht fransendem Stoff lässt sie sich sauber nähen.

Der Beutel der Nahttaschen ist an der Teilungslinie des Vorderteils angeschnitten. Durch die vorverlegte Position sind die Taschen gut zugänglich – so bleiben die Hände schön warm.

Das oberste Knopfloch der doppelten Reihe wird schräg gearbeitet. Dieses kleine Detail setzt auch bei geöffnetem Verschluss einen hübschen Akzent.

Der etwas größere Kragen über dem hochgeschlossenen Ausschnitt wirkt klassisch. Durch den dicken Stoff bleibt er schön in Form und sieht auch hübsch aus, wenn die oberen Knöpfe offen bleiben.

E-2 Mantel mit Kimonoärmeln

Offener Reverskragen

Der Grundschnitt ist hier leicht abgewandelt und in einem groß gemusterten Wollstoff umgesetzt. Weil jeweils Vorder- bzw. Rückteil und Kimonoärmel in einem Stück zugeschnitten werden, sitzen die Karos an den Ärmeln schräg; das macht hier den besonderen Reiz dieses Modells aus. Durch die beiden Knöpfe und den offenen Kragen wirkt der Mantel ganz anders als das Grundmodell.

● Anleitung auf Seite 68

- kurze Variante
- offener Kragen, doppelreihig
- Nahttaschen mit angeschnittenem Taschenbeutel
- Futter

 Stoff: dicker Wollstoff mit Alpaka

Mantel mit Kimonoärmeln

Kragenloser Langmantel

Lässt man den Kragen weg, bekommt der Grundschnitt sofort einen anderen Charakter. Der Halsausschnitt ist rund, die Knöpfe sind durch die verdeckte Knopfleiste bei diesem Modell nicht sichtbar. Durch die leicht körpernahe Linienführung wirkt der Schnitt feminin. In Elfenbein wie hier hat das Modell eine eher konventionelle Ausstrahlung, die aber durch andere Farben und Materialien verändert werden kann.

● Anleitung auf Seite 70

- lange Variante
- Rundhalsausschnitt
- Nahttaschen mit angeschnittenem Taschenbeutel
- Futter
- verdeckte Knopfleiste

Stoff: dicker Wollstoff mit Kaschmir

S. 14

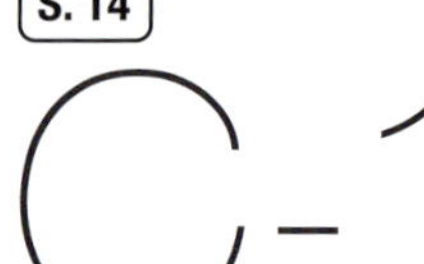

C-1 Grundschnitt Mantel mit Reverskragen

Anleitung

Schnittbogen A-Seite (C), B-Seite (Paspeltasche)

Anhand von Fotos wird hier am Modell C-1 (S. 14) gezeigt, wie man einen gefütterten Mantel näht. Über die QR-Codes kannst du zusätzlich Video-Tutorials ansehen. Nähablauf, Wenden etc. sind bei vielen Modellen im Buch identisch. Sind die Arbeitsschritte für ein rechtes und ein linkes Teil gleich, wird nur die rechte Seite erklärt.

Begriffe in Illustrationen
„links“ oder „linke Seite“: linke Stoffseite/Rückseite
„rechts“ oder „rechte Seite“: rechte Stoffseite/Vorderseite

Begriffe
„Mehrweite“: wird am Futter zugegeben, sorgt für Bewegungsspielraum.
„Innen anheften“: um ein Verrutschen der Lagen zu verhindern.

Abmessungen (in cm)

	S	M	L	XL	2XL	3XL
Brustumfang	105	112	118	123	127	133
Schulterbreite	28,5	30	31,5	33	34	35,5
Länge	82	84,5	86,5	89	90,5	93
Ärmellänge	45,5	47	48	49,5	50,5	51,5

Materialien

<Stoffe>

- ○ Oberstoff: Harris-Tweed: 150 cm breit, **S** 1,90 m **M** 2,00 m **L** 2,40 m **XL** 2,50 m **2XL** 2,60 m **3XL** 2,80 m
- ○ Futterstoff: 137 cm breit, **S** 1,40 m **M** 1,50 m **L** 1,70 m **XL** 2,00 m **2XL** 2,10 m **3XL** 2,20 m

<Zubehör>

- ○ Bügeleinlage: 90 cm breit, 2,80 m
- ○ Kantenband (9 mm breit)
- ○ 1 Knopf (25 mm Durchmesser)

Zu beachten

- ○ Beim Zuschnitt des Karo-Oberstoffs darauf achten, dass die Teile im Muster zusammenpassen (siehe S. 42). Die Schnittteile mit Stecknadeln fixieren oder heften, damit sie beim Nähen nicht verrutschen.

Zuschneideplan (Einheit: cm)

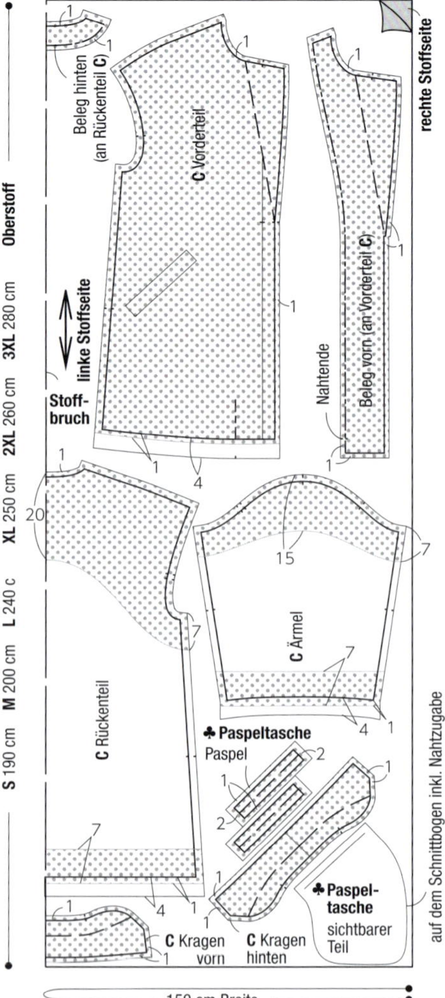

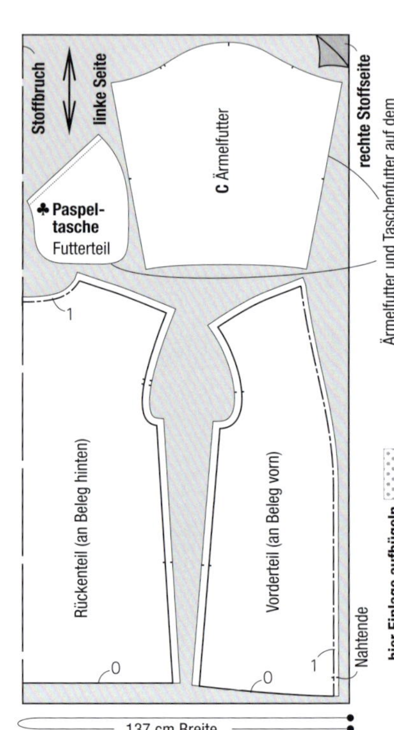

1 Einlage aufbügeln

Alle Teile (Oberstoff, Futterstoff, Einlage) nach dem Zuschneideplan zuschneiden und die Einlage auf die Oberstoffteile aufbügeln (siehe S. 41). An Ärmel- und Rückenteilsaum 7 cm breite Einlagestreifen aufbügeln.

2 Taschen nähen

Paspeltaschen in Vorderteil einarbeiten (siehe S. 38). Bei allen Mänteln sind die nachfolgenden Schritte einfacher durchzuführen, wenn vor dem Zusammenfügen der Rumpfteile erst die Taschen angebracht werden.

3 Vorderteil nähen: Oberstoff

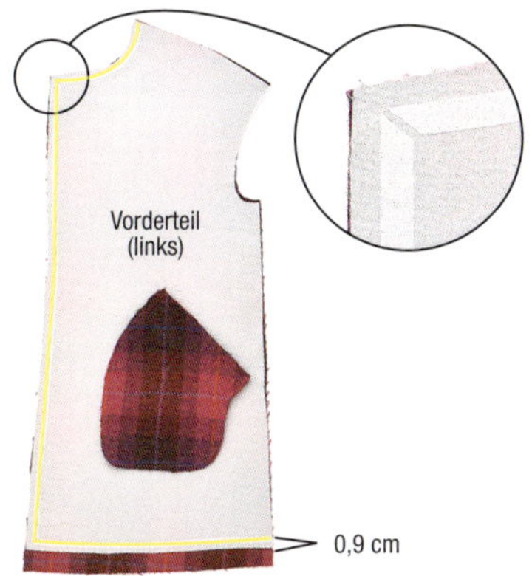

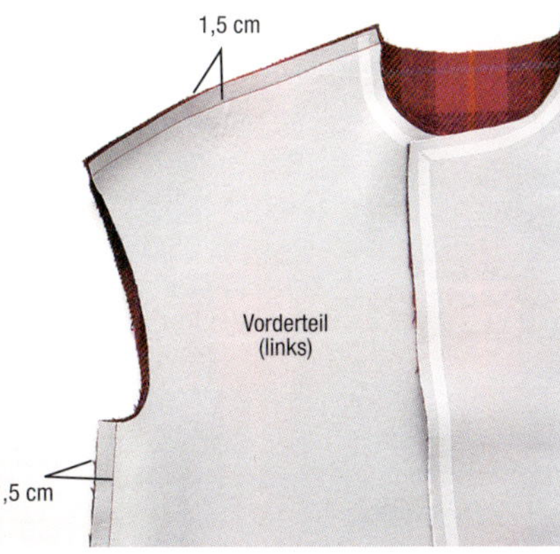

❶ Kantenband vom Halsausschnitt bis zum Saum und an diesem innerhalb der Einlage (0,9 cm neben der Saumbruchkante) aufbügeln. Band an den Ecken diagonal schneiden und aneinanderlegen.

❷ Vorder- und Rückenteil rechts auf rechts aufeinanderlegen, Schulter- und Seitennähte schließen.

❸ Nahtzugaben an Schulter- und Seitennähten auseinanderbügeln, Saum umschlagen und bügeln.

4 Vorderteil nähen: Unterkragen

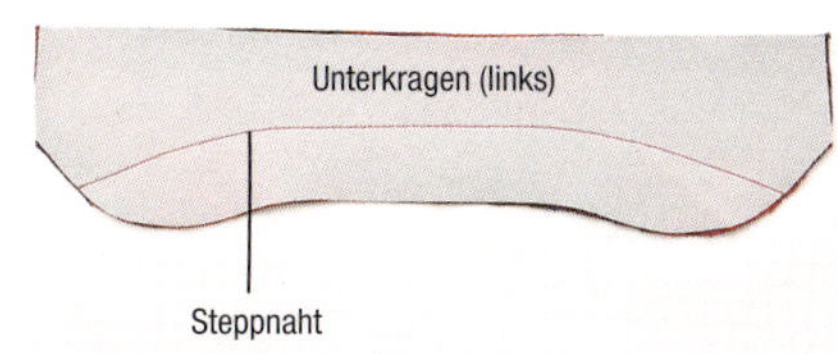

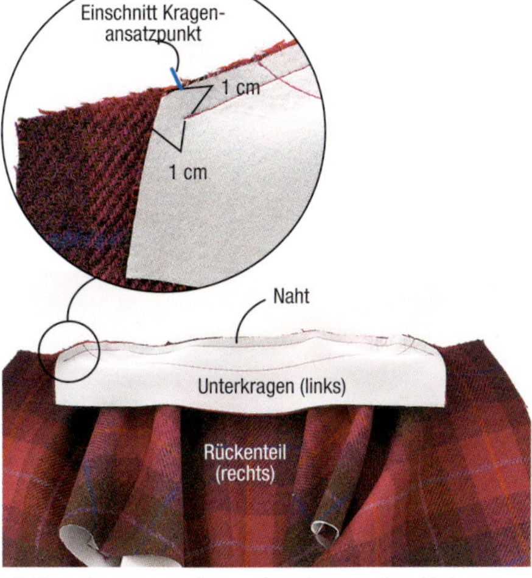

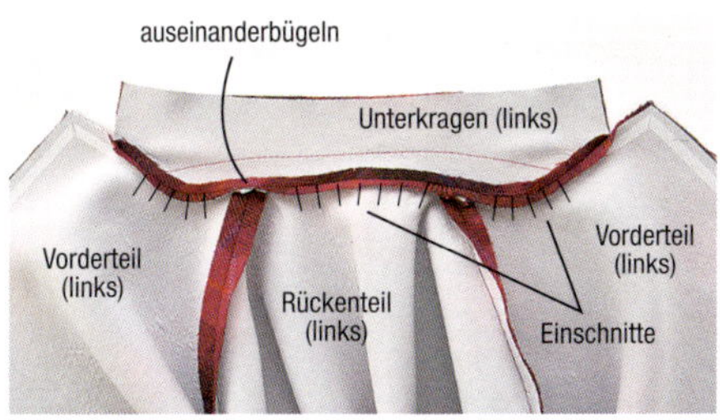

❶ Den Bruch des Unterkragens in der vorgegebenen Linie absteppen.

❷ Unterkragen rechts auf rechts an den Halsausschnitt legen, dabei den Einschnitt am Vorderteil exakt auf die Markierung des Nahtanfangs am Kragen (1 cm Nahtzugabe) legen. Unterkragen ab dieser Markierung festnähen.

❸ Nahtzugaben vorsichtig einschneiden, damit sich die Naht rund legt, und auseinanderbügeln.

5 Ärmel einsetzen (Oberstoff)

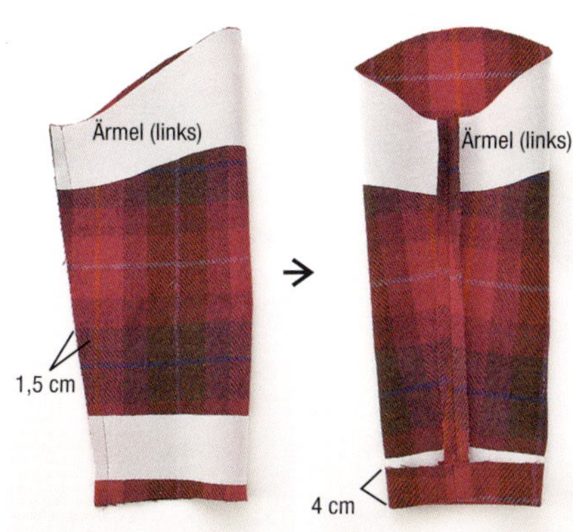

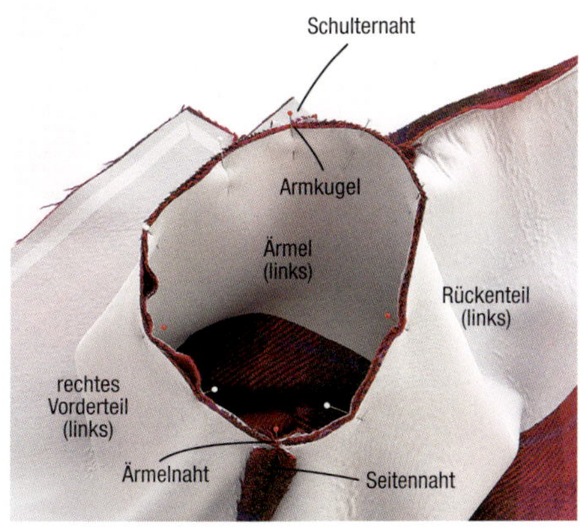

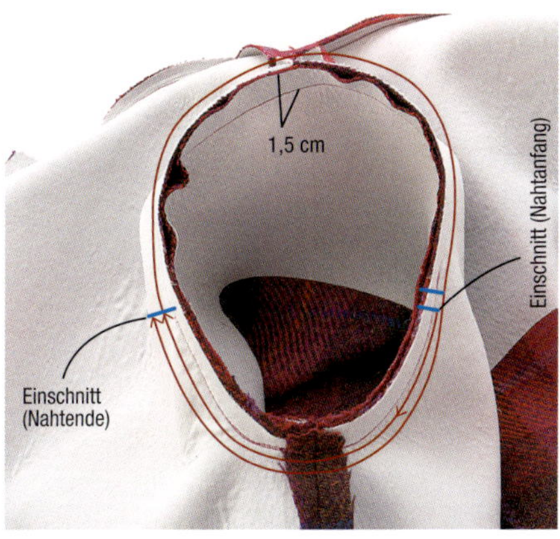

❶ Oberstoffärmel längs zur Hälfte falten und zu einer Röhre schließen. Nahtzugaben auseinanderbügeln, Ärmelsaum umbügeln.

❷ Ärmel wenden und rechts auf rechts in den Armausschnitt des Rumpfteils schieben. Armkugel exakt an der Schulternaht sowie an den Einschnitten und der Seitennaht ausrichten und feststecken.

❸ Den Ärmel ab Einschnitt rundherum festnähen, dabei unten (von Einschnitt zu Einschnitt) für mehr Halt ein zweites Mal darübernähen.

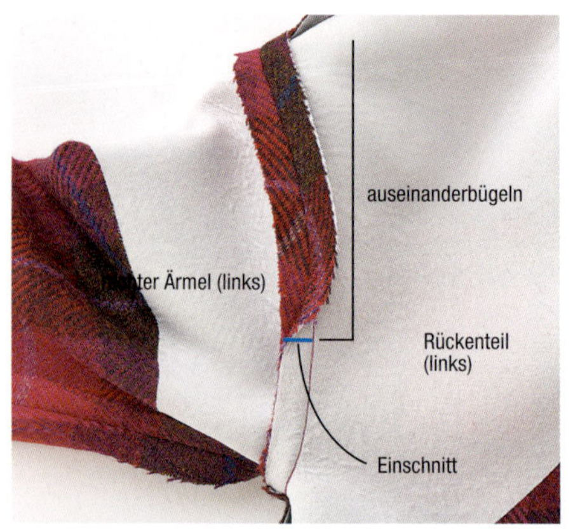

❹ Nahtzugaben jeweils ab dem Einschnitt nach oben fortlaufend auseinanderbügeln.

6 Futterrumpf nähen

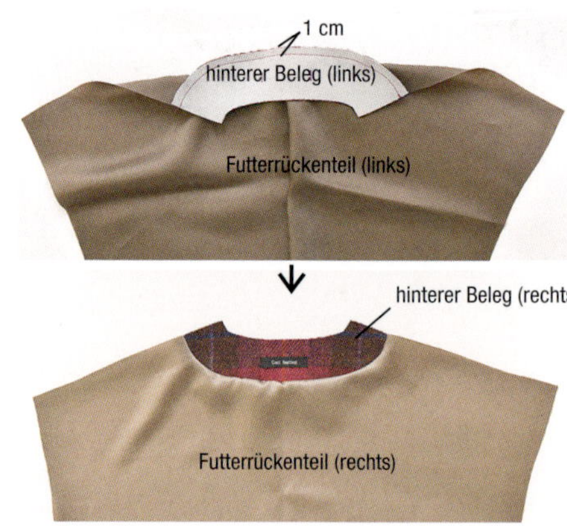

❶ Hinteren Beleg (Oberstoff) und Futterrückenteil rechts auf rechts zusammennähen. Nach rechts wenden und die Nahtzugaben ohne Bügeln auf die Futterseite umklappen. Nach Belieben ein Namensetikett auf den Beleg nähen.

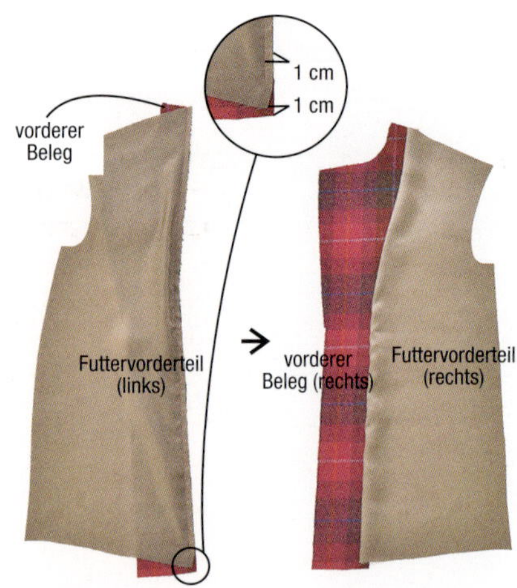

❷ Futtervorderteil und vorderen Beleg (Oberstoff) rechts auf rechts ab dem Nahtende-Einschnitt zusammennähen. Achtung, der vordere Beleg ist 1 cm länger! Nach rechts wenden und die Nahtzugaben ohne Bügeln auf die Futterseite umklappen.

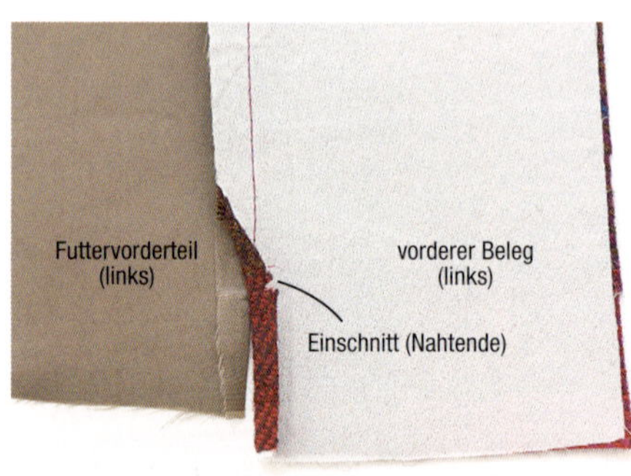

❸ Nahtzugaben der noch offenen Kanten zwischen vorderem Beleg und Futtervorderteil (vom Einschnitt an abwärts) umbügeln.

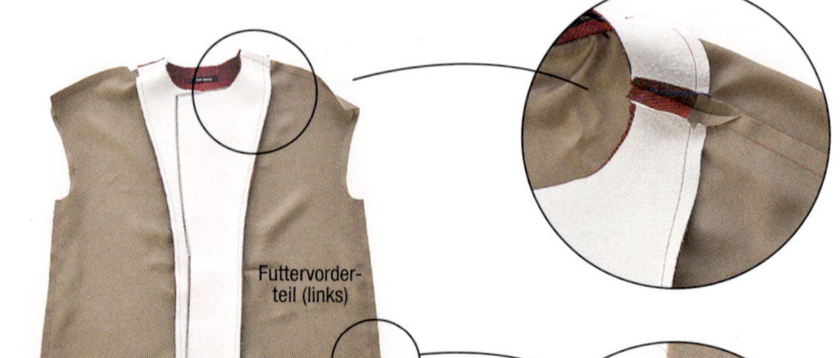

An der Schulternaht die Nahtzugaben nur am vorderen Beleg auseinanderbügeln, die übrigen im Futter nach hinten bügeln.

Die Nahtzugaben an der Seitennaht (sie ist 1,2 cm breit genäht) 1,5 cm breit nach hinten bügeln (für 0,3 cm Mehrweite).

❹ Futterrückenteil und -vorderteil rechts auf rechts aufeinanderlegen und die Schulternaht mit 1,5 cm sowie die Seitennaht mit 1,2 cm Zugabe schließen.

7 Oberkragen annähen

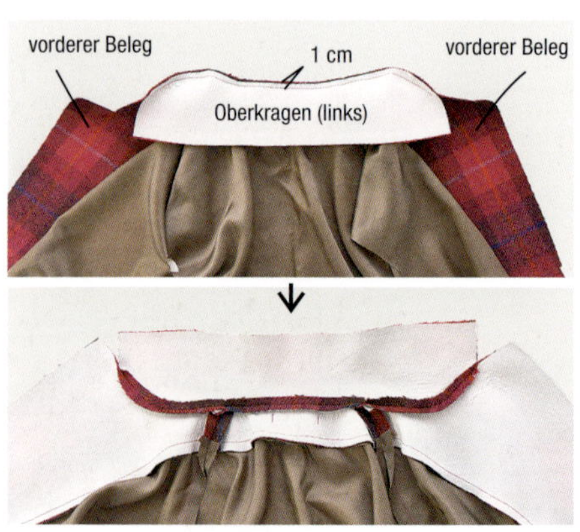

Futterrückenteil und Oberkragen rechts auf rechts legen und zusammennähen. Dabei wie in Schritt 4.2 den Einschnitt am vorderen Beleg und den Kragennahtanfang aufeinanderlegen. Zugaben einschneiden und ausbügeln.

8 Futterärmel nähen und in den Futterrumpf einsetzen

1,5 cm
Futterärmel (links)
1,2 cm

❶ Futterärmel längs zur Hälfte falten und mit 1,2 cm Nahtzugabe zur Röhre schließen. Zugabe 1,5 cm nach hinten bügeln (für 0,3 cm Mehrweite).

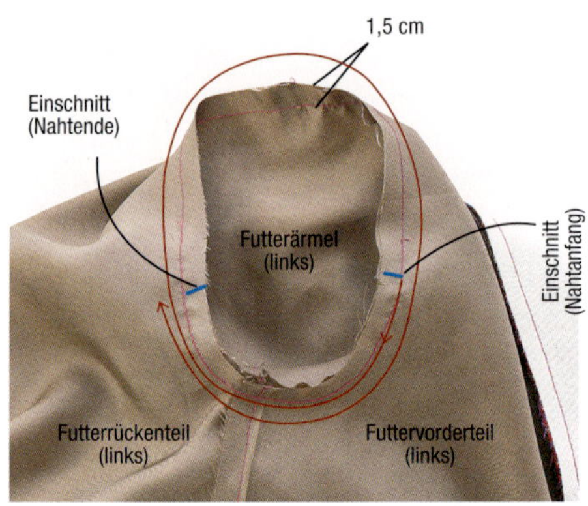

❷ Futterärmel wenden, rechts auf rechts in den Futterarmausschnitt schieben. Armkugel an der Schulternaht, den Einschnitten und der Seitennaht ausrichten. Wie den Oberstoffärmel festnähen.

9 Futter an Oberstoffteile nähen

❶ Vorderen Beleg und Vorderteil rechts auf rechts aufeinanderlegen und quer am Beleg sowie an der Längskante zusammennähen.

❷ Dabei oben am Beleg exakt bis zum Kragenansatzpunkt nähen.

❸ Nahtzugabe nach unten klappen, vom Kragenansatzpunkt auf der Kragenseite bis zum gegenüberliegenden Kragenansatzpunkt nähen, Naht vernähen und den Faden abschneiden. Nahtzugabe nach oben klappen und Beleg auf dieser Seite auf die gleiche Weise festnähen.

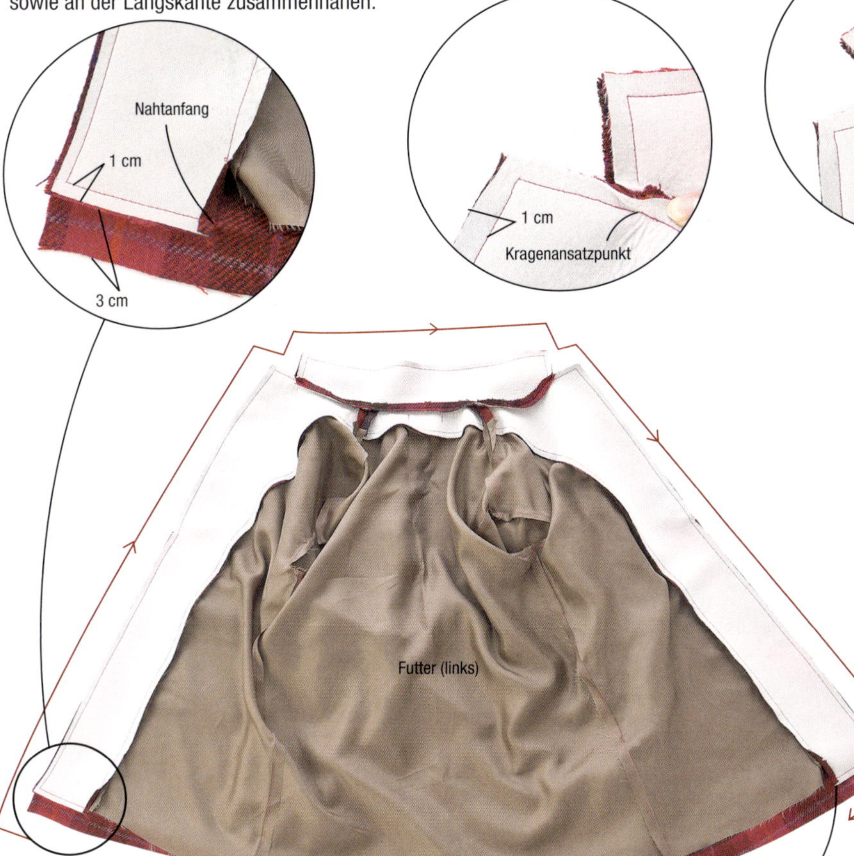

10 Wenden

❶ Nahtzugaben an allen Kragenecken schräg zurückschneiden und die Position des Reversumschlags an der Jackenvorderkante mit einem weiteren Einschnitt markieren. Saum am Beleg (seitlich mit 1,5 cm Zugabe) zurückschneiden, an der Ecke abschrägen.

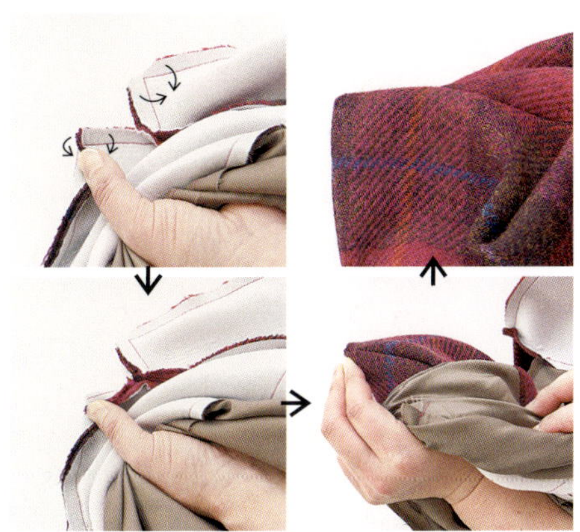

❷ Kragen wenden: Zeigefinger in eine Kragenecke schieben, die Kragenzugaben zwischen Zeigefinger und Daumen festhalten und nur diesen Teil wenden. Die Ecke mit einem Kantenformer ausformen.

❸ Auf dieselbe Weise die andere Kragenecke und die unteren Saumecken wenden; dann sollte der ganze Mantel bis auf die Futterärmel gewendet sein. Kanten mit der Bügeleisenspitze flachbügeln.

11 Am Halsausschnitt innen Oberstoff an Futter heften

Die Halsnaht an Oberstoff und Futter aufeinanderstecken. Futter vom Saum her umschlagen, alle Zugaben der Halsnaht von innen (Oberstoff und Futter) mit doppeltem Faden im Vorstich zusammenheften, gelegentlich einen Rückstich einarbeiten.

12 Schulternaht anheften

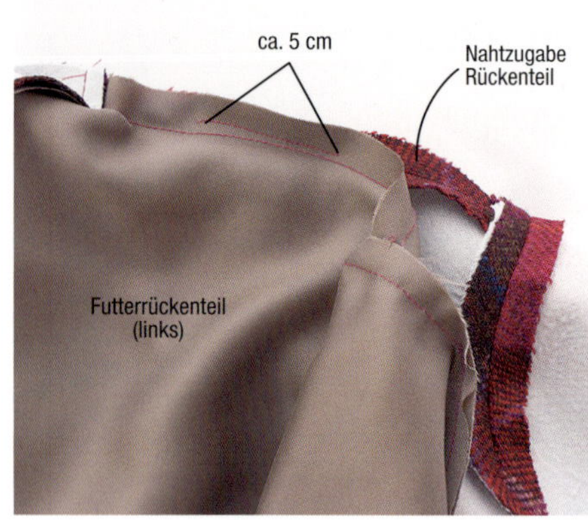

An der Schulter die beiden Nahtzugaben des umgeschlagenen Futters auf die Zugabe des Rückenteils legen und mit der Nähmaschine ein Stück (ca. 5 cm) zusammenheften.

13 Ärmelsaum nähen

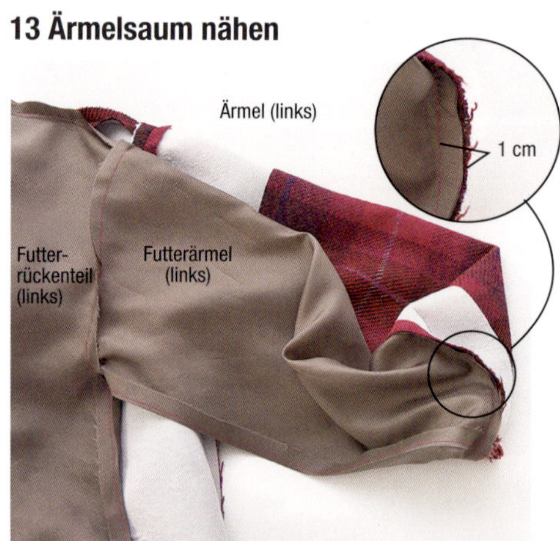

❶ Ärmel und Futterärmel unten am Saum rechts auf rechts passgenau aufeinanderlegen und im Ring zusammennähen.

Ärmel anheften

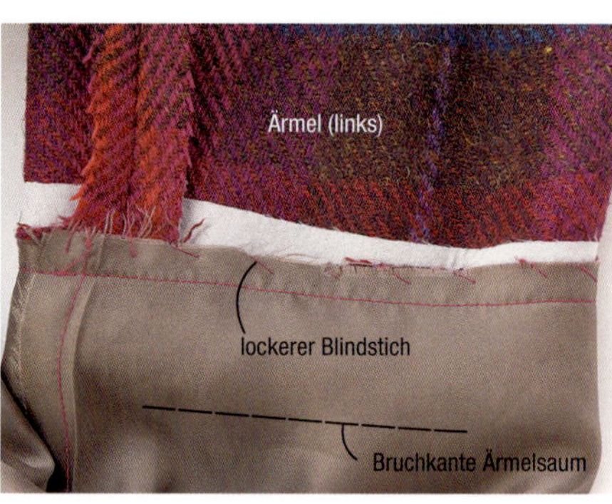

❷ Ärmelsaum an der Bruchkante aus Schritt 5.1 umklappen und feststecken. Saum an den Nahtzugaben rundherum im lockeren Blindstich festnähen; die Naht sollte von rechts unsichtbar sein.

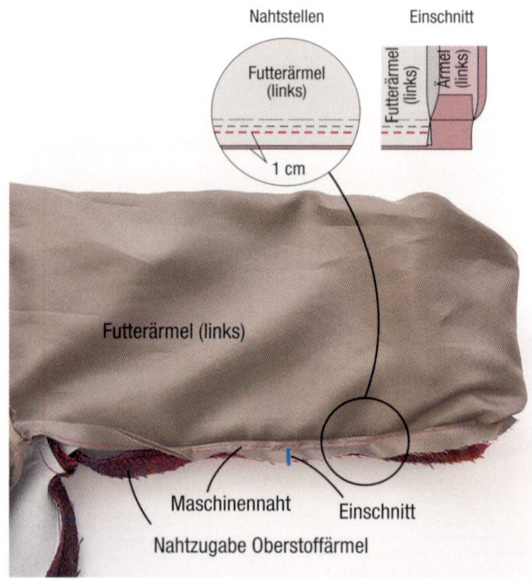

❸ Die beiden Nahtzugaben des Futterärmels und die Zugabe des Oberstoffärmels, die zum Ellbogen zeigt, an den Einschnitten aufeinanderlegen und ca. 10 cm beidseitig des Einschnitts mit der Maschine zusammenheften.

14 Saum anheften und nähen

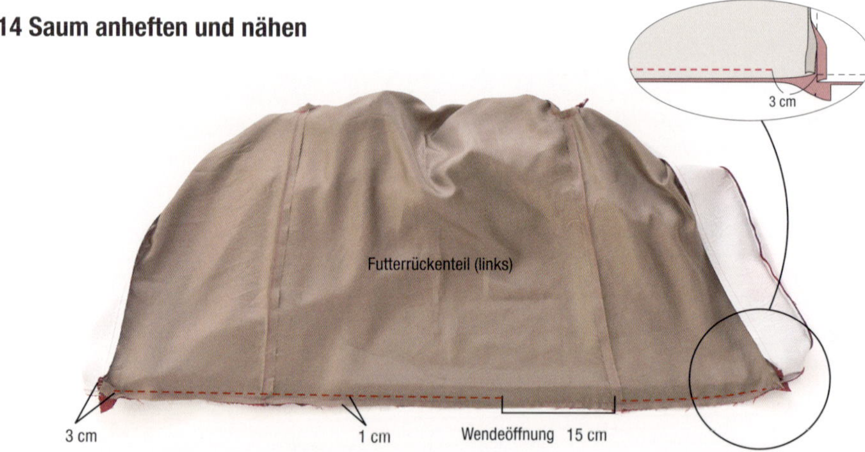

❶ Saumkanten an Oberstoff und Futter rechts auf rechts aufeinanderlegen, Saumnaht mit 1 cm Zugabe schließen. Dabei an beiden Seiten je 3 cm und im Rückenteil 15 cm zum Wenden offen lassen.

❷ Saum an der Bruchkante aus Schritt 3.3 umklappen, an den Nahtzugaben im Blindstich locker festnähen. An der Öffnung den Saum nur versäubern.

15 Seitennähte zusammenheften

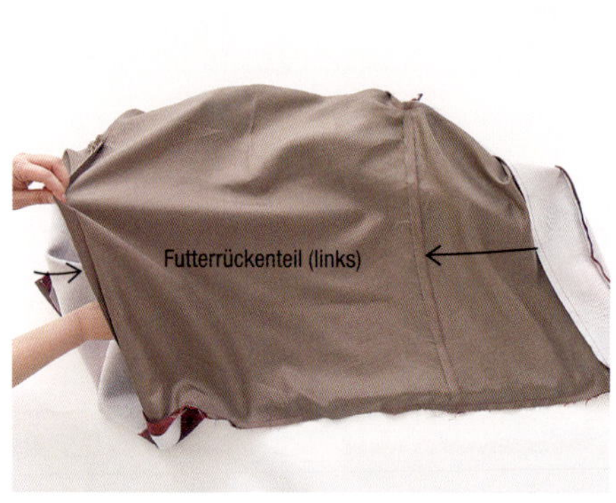

❶ Oberstoffvorderteile von beiden Seiten zwischen Oberstoff und Futterstoff des Rückenteils schieben.

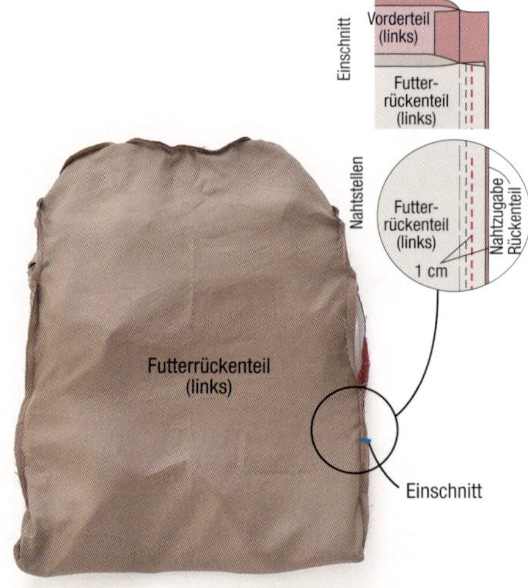

❷ Nun die Seitennähte fixieren: Beide Zugaben der Futterseitennaht und die Zugabe des Rückenteils an den Einschnitten aufeinanderlegen und 15 cm beidseitig davon mit der Maschine zusammenheften.

16 Wenden

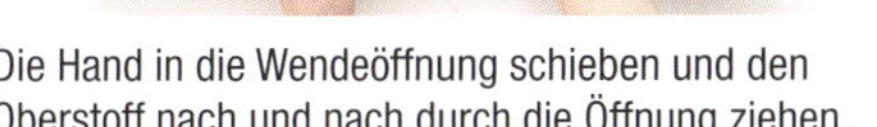

Die Hand in die Wendeöffnung schieben und den Oberstoff nach und nach durch die Öffnung ziehen.

17 Fertigstellen

❶ Futter an der Wendeöffnung einschlagen und im Blindstich festnähen, um die Naht aus Schritt 14.1 fortzusetzen. Futter an der Vorderteilecke einschlagen und im Blindstich und Hexenstich festnähen.

❷ Kragen an der Bruchlinie umklappen und feststecken, wieder nach vorn klappen und 3 cm neben dem Kragenbruch ca. 8 cm durchnähen, dabei soll die Naht später unter dem Kragen verborgen sein.

18 Knopfloch nähen und Knopf befestigen

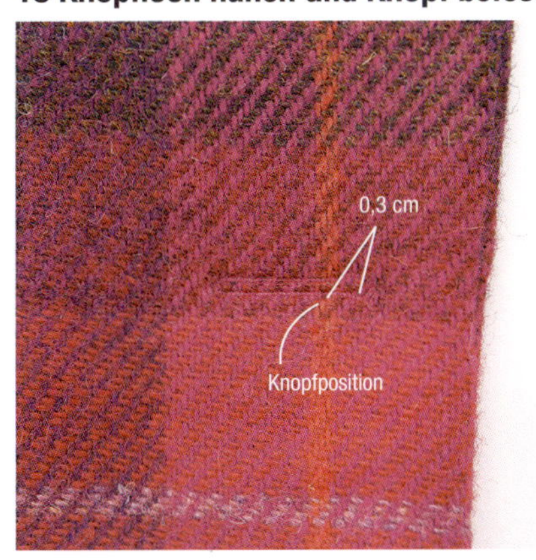

❶ Schnittmuster auf das rechte Vorderteil legen, Knopfposition und ein zur Knopfgröße passendes Knopfloch mit „Auge“ markieren, dann für ein handgenähtes Knopfloch mit kleinen Stichen umnähen.

❷ Knopflochauge ausstanzen und Schlitz vorsichtig einschneiden. Dabei darauf achten, den Faden der Nahtmarkierung nicht zu durchtrennen. Das Knopfloch von Hand nähen. Es kann auch mit der Knopflochautomatik der Maschine genäht werden, dann jedoch ohne vorheriges Einschneiden.

❸ Knopfposition auf dem linken Vorderteil markieren und den Knopf annähen. Wegen der Stoffdicke des Vorderteils den Knopf locker annähen und den „Stiel“ mit einigen Fadenumwicklungen fixieren.

fertiger Mantel

Aufgesetzte

★ Klappentasche

(Anleitung für rechtes Vorderteil)
Die einfachste Taschenform (mit oder ohne Klappe) wird hier mit Futter genäht. Statt mit der Maschine kann sie auch von Hand im Blindstich befestigt werden.
Teile zuschneiden, Einlagen aufbügeln und Markierungen anbringen. Auf dem Vorderteil Position von Tasche und Klappe markieren.

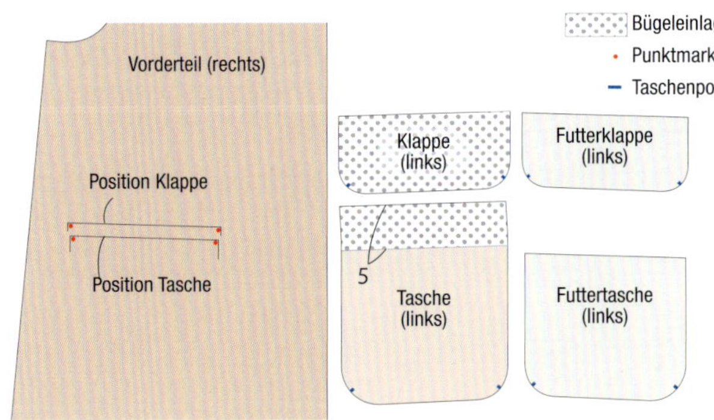

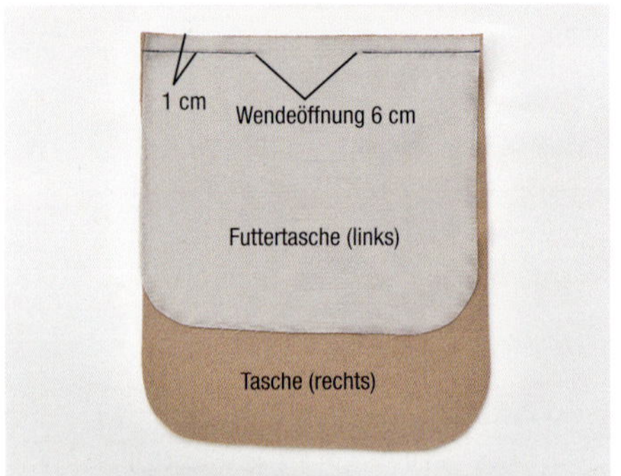

❶ Tasche und Futtertasche rechts auf rechts aufeinanderlegen und oben zusammennähen, dabei mittig 6 cm für die Wendeöffnung frei lassen.

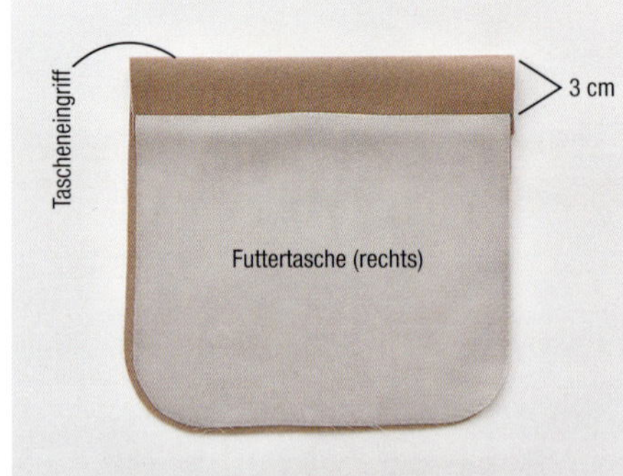

❷ Futter aufklappen, die Nahtzugaben von rechts zum Futter hin bügeln, Tasche und Futter an den Kanten aufeinanderlegen und Bruch einbügeln.

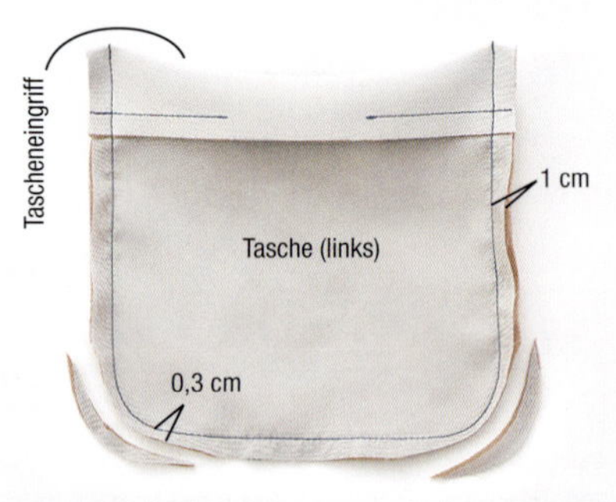

❸ Taschenteile erneut rechts auf rechts legen und rundherum mit 1 cm Zugabe zusammennähen. An den Rundungen die Nahtzugaben zurückschneiden.

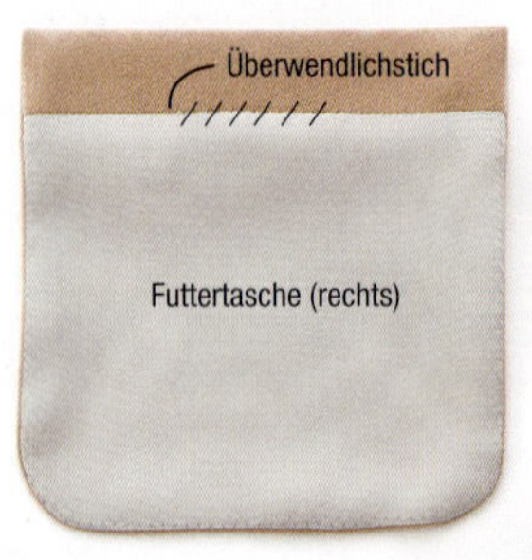

❹ Tasche durch die Öffnung wenden und die Kanten auf der Futterseite ausbügeln. Wendeöffnung im Überwendlichstich schließen.

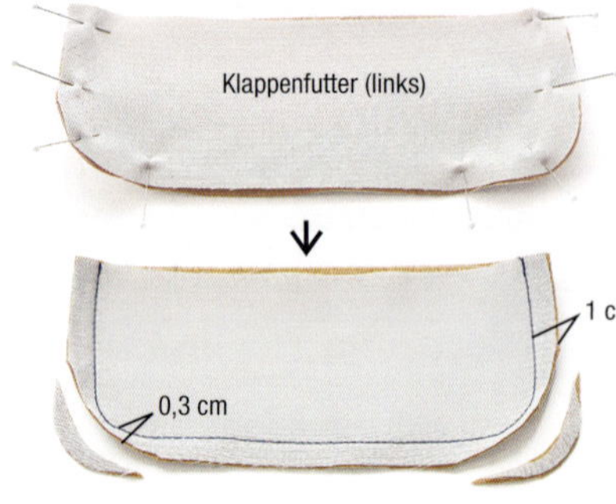

❺ Oberstoffklappe und Futter rechts auf rechts stecken. Da das Futter kleiner ist, krümmt sich die Klappe leicht. Teile bis auf Oberkante zusammennähen, Zugaben an den Rundungen zurückschneiden.

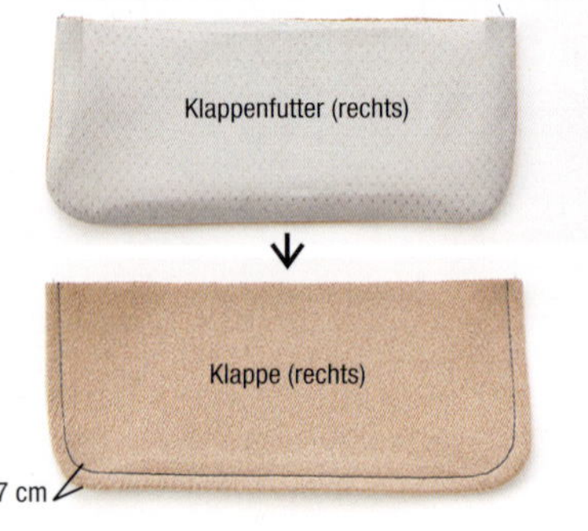

❻ Klappe wenden und die Kanten von der Futterseite ausbügeln. Klappe von rechts bis auf die Oberkante absteppen.

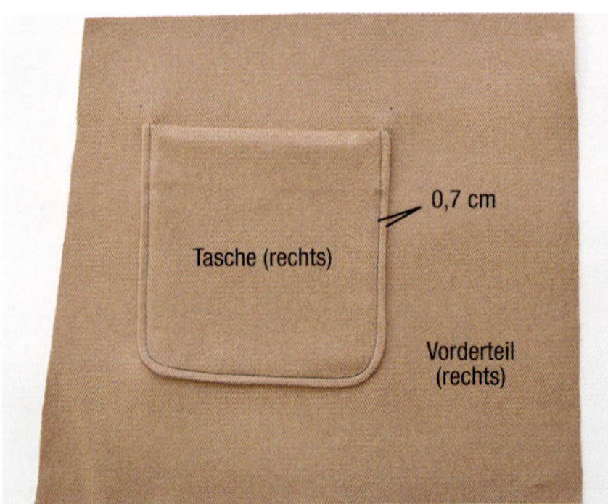

❼ Die Tasche aus Schritt 4 an der Markierung auf das Vorderteil nähen, dabei die Breite der Klappenansatznaht berücksichtigen.

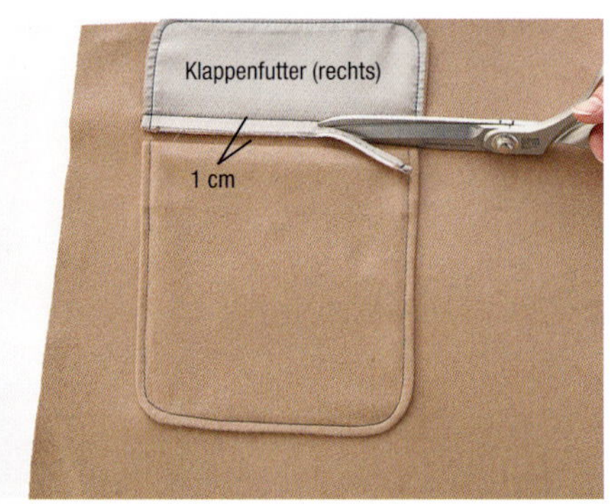

❽ Die Klappe aus Schritt 6 an der Markierung rechts auf rechts auf das Vorderteil legen und annähen. Nahtzugabe auf 0,5 cm zurückschneiden.

❾ Klappe nach unten falten und bügeln. 0,7 cm unter dem Falz absteppen, damit sie flach liegt.

♥ Nahttasche

(Anleitung für rechtes Vorderteil)

Bei dieser dezenten Taschenart wird eine vorhandene Naht genutzt. Wenn der Eingriff nicht abgesteppt wird, ist die Tasche noch unauffälliger. Damit er nicht ausreißt, wird der Eingriff mit Stütznähten verstärkt. Taschenbeutel und Stoffstreifen zuschneiden, Eingriff an Taschenbeutel und Seitennaht mit Einschnitten markieren.

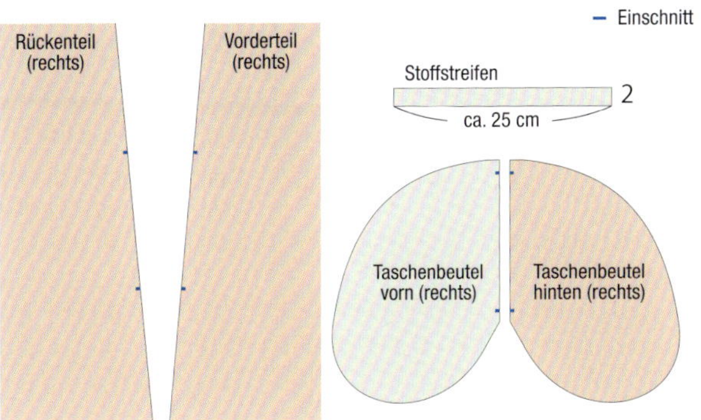

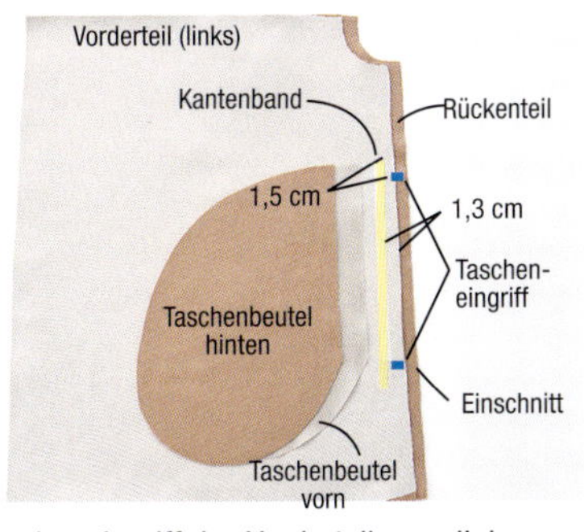

❶ Am Tascheneingriff des Vorderteils von links Kantenband aufbügeln.

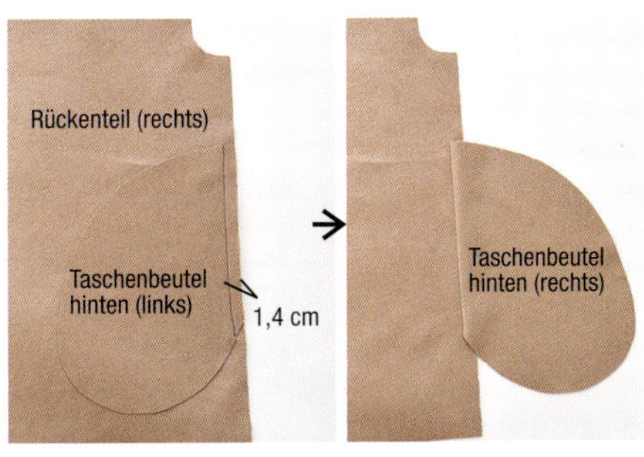

❷ Rückenteil und hinteren Taschenbeutel genau an den Einschnitten rechts auf rechts aufeinanderlegen und mit 1,4 cm Zugabe zusammennähen. Hinteren Taschenbeutel nach außen umbügeln.

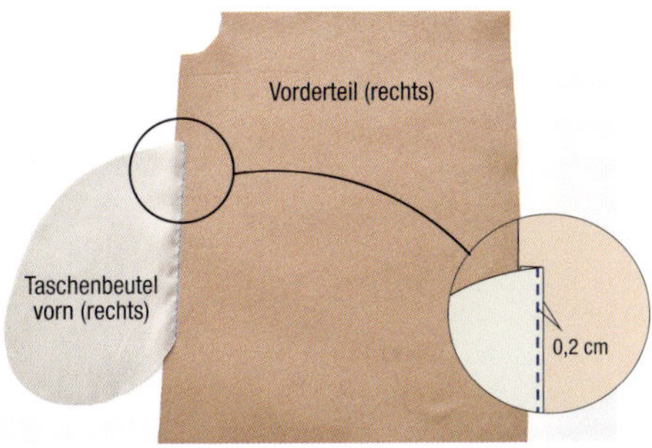

❸ Vorderteil und vorderen Taschenbeutel passgenau rechts auf rechts aufeinanderlegen und mit 1,4 cm Zugabe zusammennähen. Vorderen Taschenbeutel umbügeln und Eingriff knappkantig absteppen.

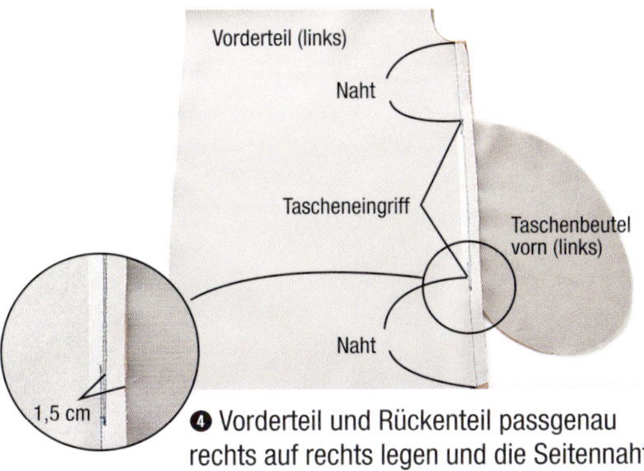

❹ Vorderteil und Rückenteil passgenau rechts auf rechts legen und die Seitennaht mit einer Zugabe von 1,5 cm schließen, dabei den Tascheneingriff aussparen.

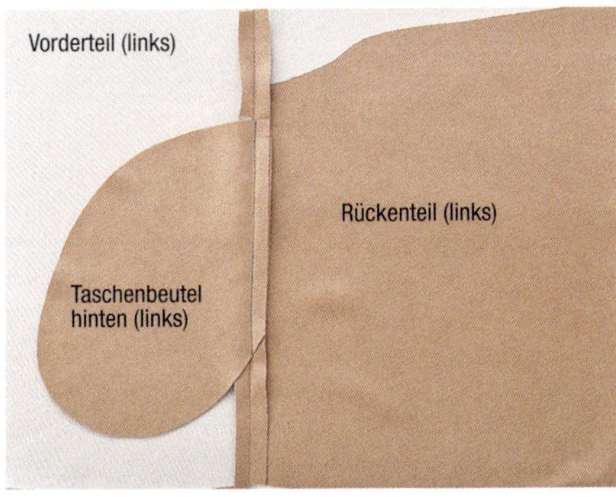

❺ Nahtzugaben auseinanderbügeln. Den hinteren Taschenbeutel nach vorn klappen.

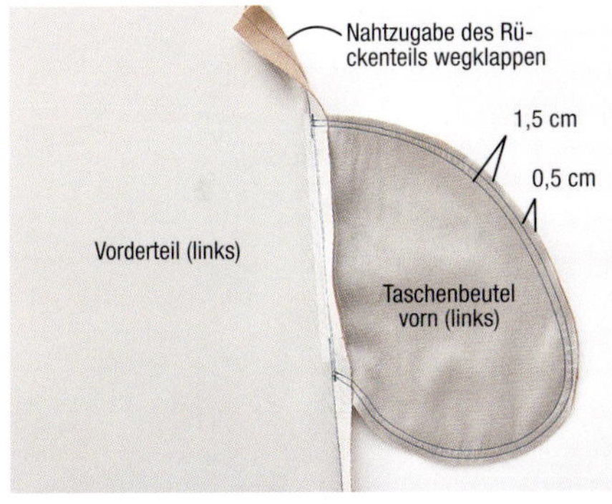

❻ Vorderen und hinteren Taschenbeutel passgenau aufeinanderlegen und ab dem Ende der Seitennaht zusammennähen. Mit einer zweiten Naht sichern.

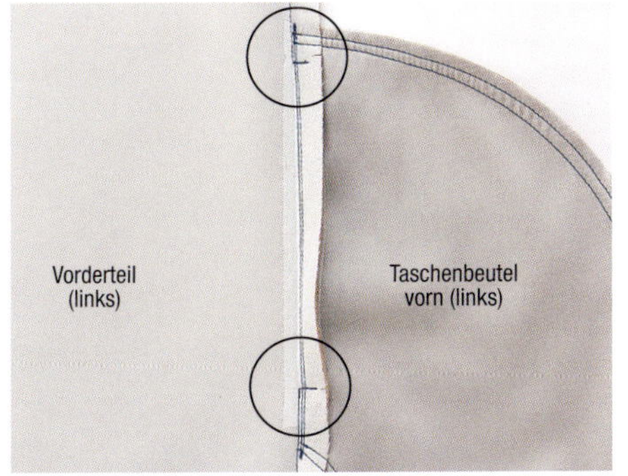

❼ Den Eingriff mit 3–4 Rückstichen auf der Zugabe des Vorderteils sichern, dabei die Rückenteilzugabe wegklappen. Wichtig: Nur auf der Zugabe nähen, damit nichts neben der Seitennaht zu sehen ist.

❽ Von der Außenseite aus betrachtet, erkennt man, wie diese Naht den Tascheneingriff verstärkt.

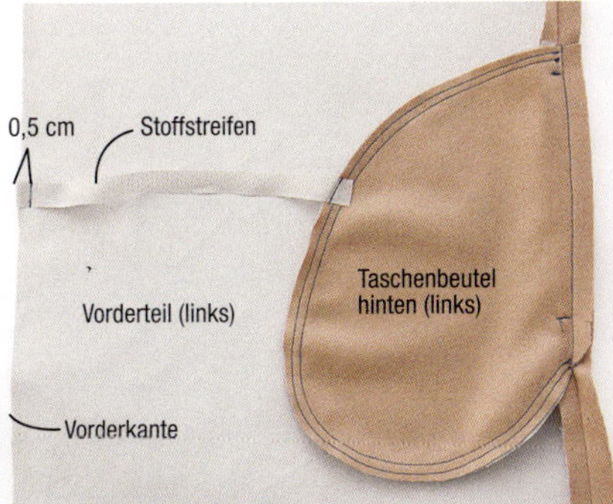

❾ Den Stoffstreifen annähen, damit der Beutel gerade hängt: dabei locker ein Ende mit der Zugabe der Tasche und das andere mit der Zugabe an der Vorderkante verbinden. Überschuss abschneiden.

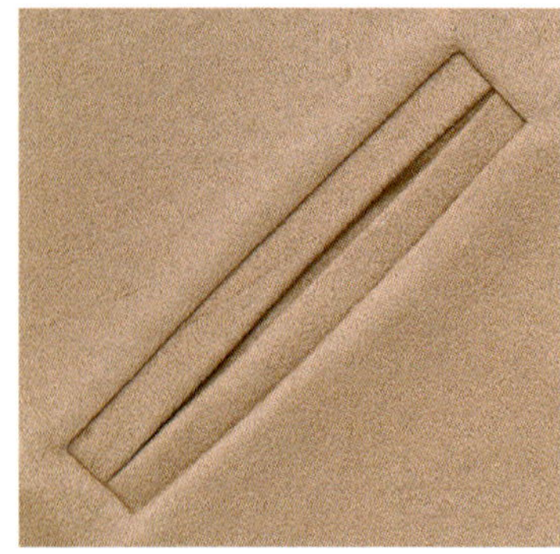

♣ Paspeltasche

(Anleitung für rechtes Vorderteil)

Für eine Paspeltasche werden der Oberstoff eingeschnitten und die Kanten mit den Paspeln eingefasst. Der Taschenspiegel besteht aus Oberstoff, der Taschenbeutel aus Futterstoff. Wird der Mantel nicht gefüttert, müssen die Beutelkanten versäubert werden.
Teile zuschneiden, Einlage aufbügeln, Paspelposition am Vorderteil markieren.

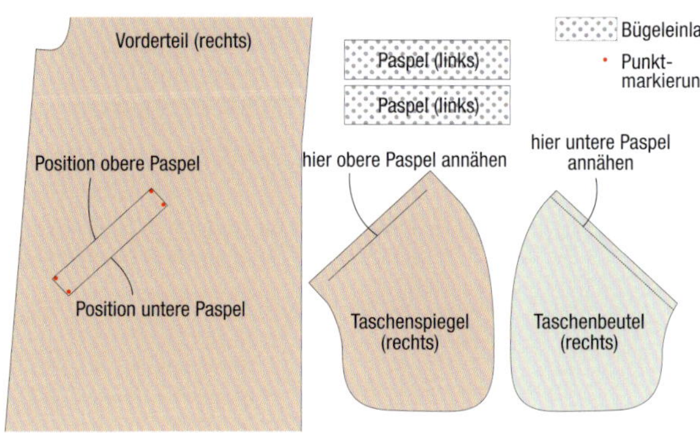

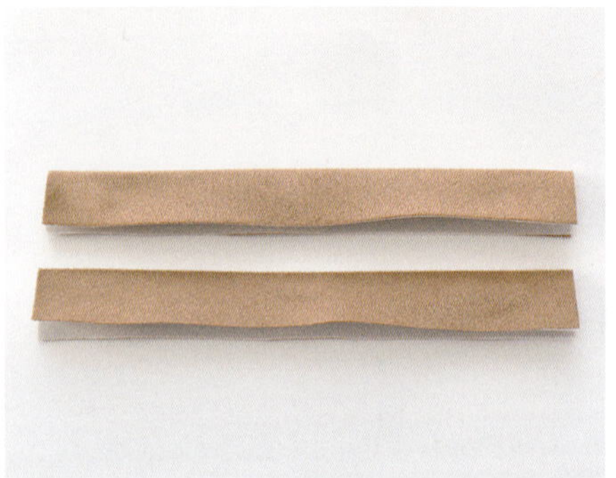

❶ Paspelstreifen längs falten und bügeln.

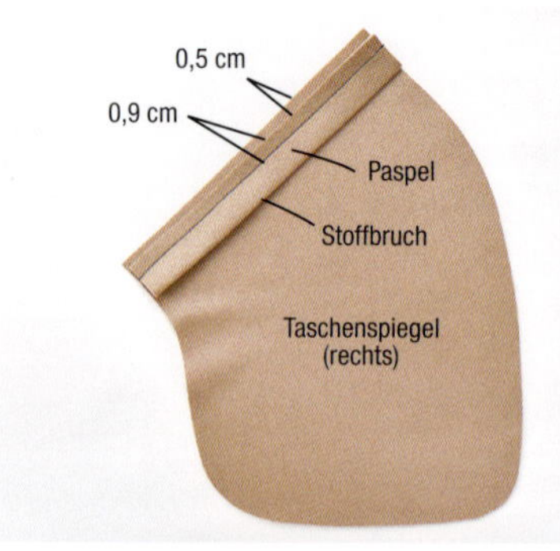

❷ Paspelstreifen wie abgebildet auf den Taschenspiegel legen und 0,9 cm neben der Schnittkante der Paspel feststeppen.

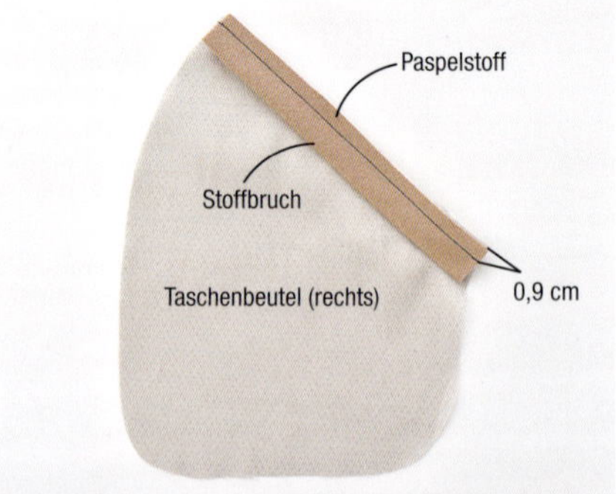

❸ Den anderen Paspelstreifen bündig an die Oberkante des Taschenbeutels legen und mit 0,9 cm Nahtzugabe feststeppen.

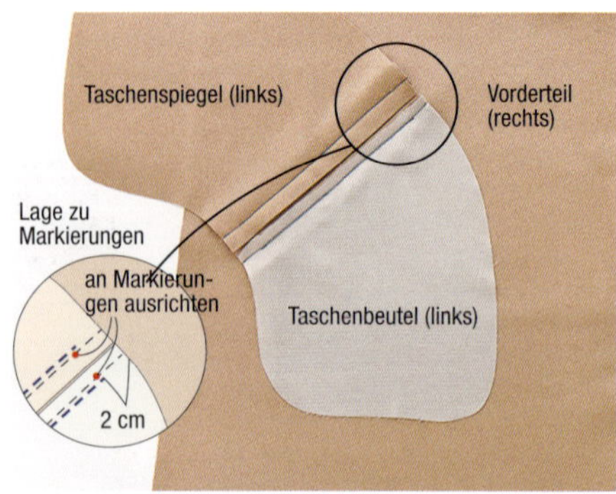

❹ Taschenspiegelnaht genau auf die obere Paspelmarkierung am Vorderteil legen, 0,1 cm links von der Naht feststeppen. Taschenbeutelnaht genau auf die untere Paspelmarkierung legen, 0,1 cm rechts davon feststeppen. Dabei beidseitig 2 cm aussparen (nicht über die Paspelbreite hinausnähen).

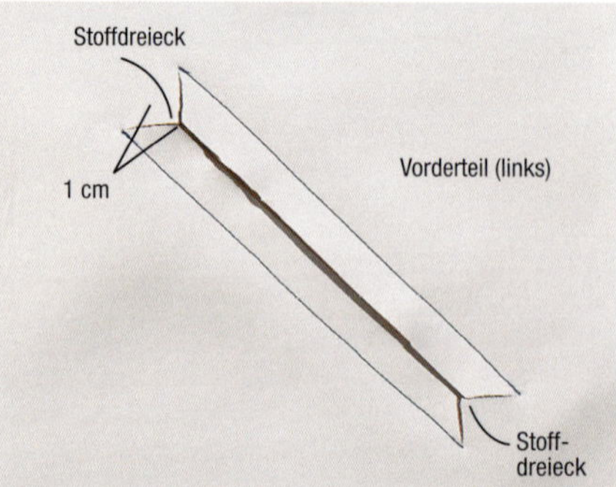

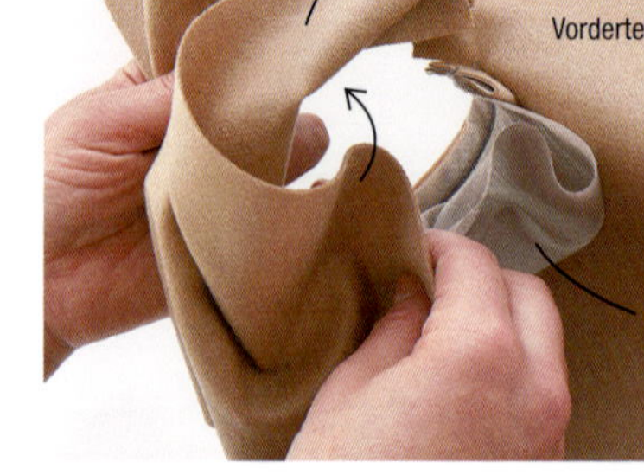

❺ Oberstoff von links einschneiden, dabei mit der linken Hand die Paspel abhalten. An den Nahtenden schräg einschneiden (ergibt ein Dreieck), ohne die Naht zu beschädigen.

❻ Taschenspiegel und -beutel durch den Einschnitt auf die Rückseite durchschieben.

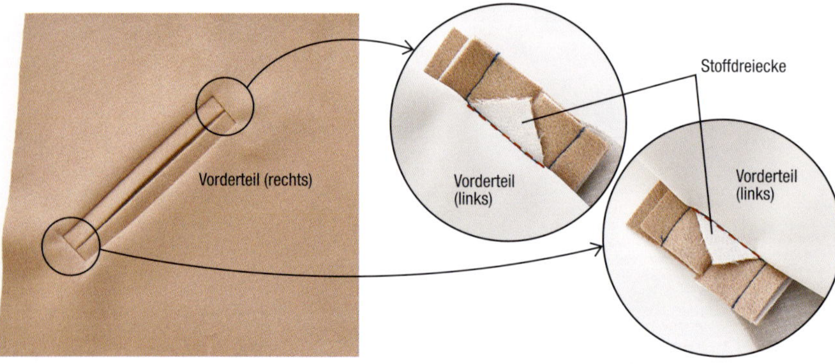

❼ Paspeln gerade ziehen und gleichmäßig breit flach bügeln. Auch die beiden Stoffdreiecke auf die Rückseite schieben und flach drücken.

❽ Vorderteil nach links wenden, Stoffdreiecke möglichst knapp und exakt, jeweils an ihrer Grundlinie, an Paspel und Taschenspiegel feststeppen.

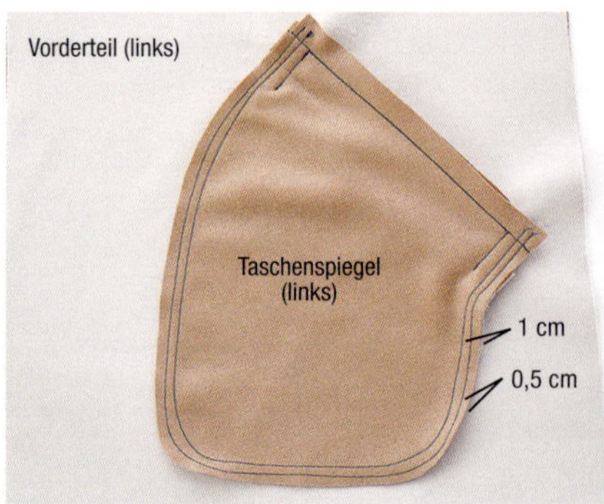

❾ Taschenspiegel und -beutel aufeinanderlegen, Kanten evtl. mit Bügelband verstärken. Beutel zunähen, mit einer weiteren Naht (0,5 cm) sichern.

♠ Leistentasche

(Anleitung für rechtes Vorderteil)

Bei dieser Tasche verbirgt die Leiste einen Nahtansatz des Beutels. Es gibt verschiedene Nähmethoden, hier wird zuerst die Leiste genäht, was für Anfänger gut geeignet ist. Teile zuschneiden, Einlage aufbügeln. Auf dem Vorderteil die Leistenposition und die Leistenmittellinie markieren, diese auch auf dem Taschenspiegel.

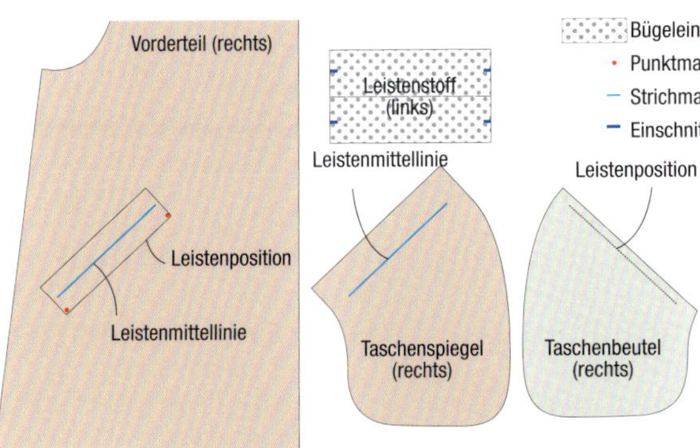

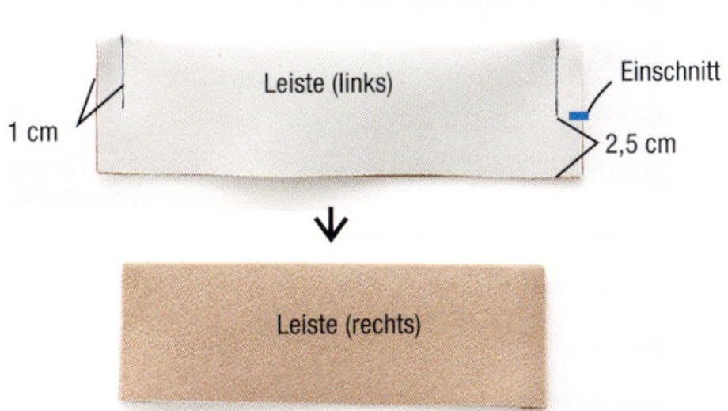

❶ Leiste rechts auf rechts falten, beidseitig ab dem Einschnitt (2,5 cm von der Kante) abnähen. Wenden, Ecken ausformen und flach bügeln.

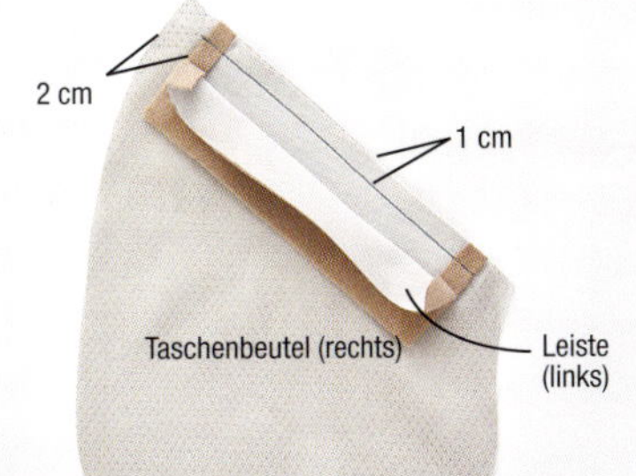

❷ Leiste aufklappen, mit einer Längskante rechts auf rechts an der markierten Position auf den Taschenbeutel legen und mit 1 cm Zugabe feststeppen.

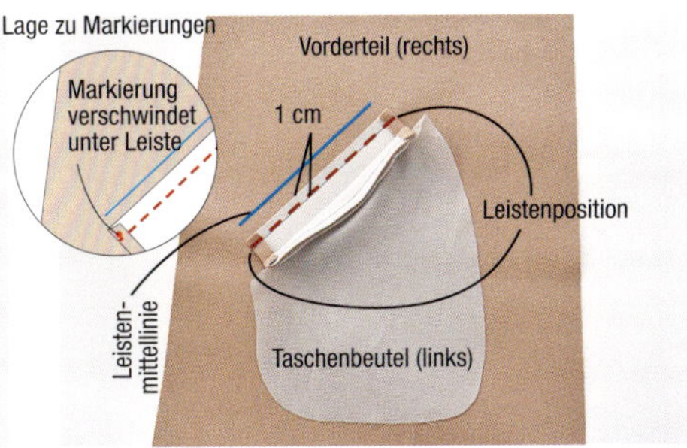

❸ Noch offene Längskante der in Schritt 2 festgenähten Leiste rechts auf rechts exakt auf die am Vorderteil markierte Position legen und feststeppen.

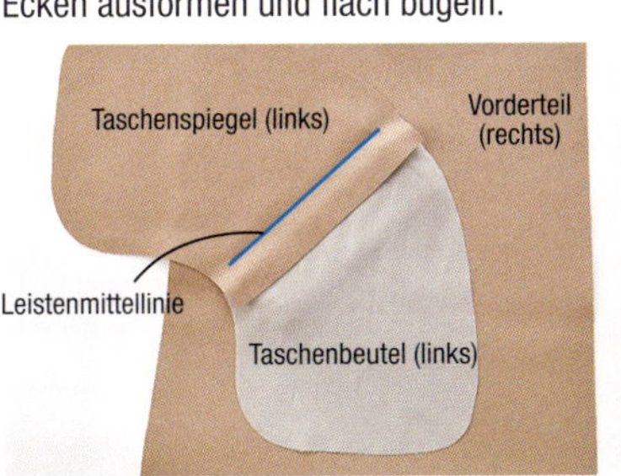

❹ Taschenspiegel rechts auf rechts auf das Vorderteil legen, die Leistenmittellinien exakt aufeinander ausrichten und feststeppen.

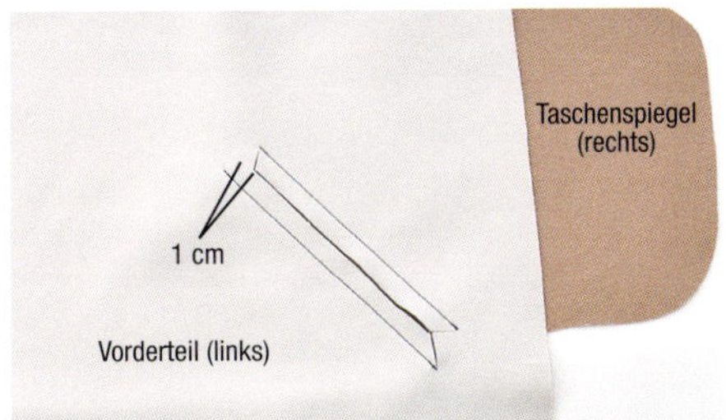

❺ Das Vorderteil (aber nicht den Spiegel, Beutel oder die Leiste) von links zwischen den Nähten einschneiden, an den Enden schräg (siehe S. 38, Schritt 5).

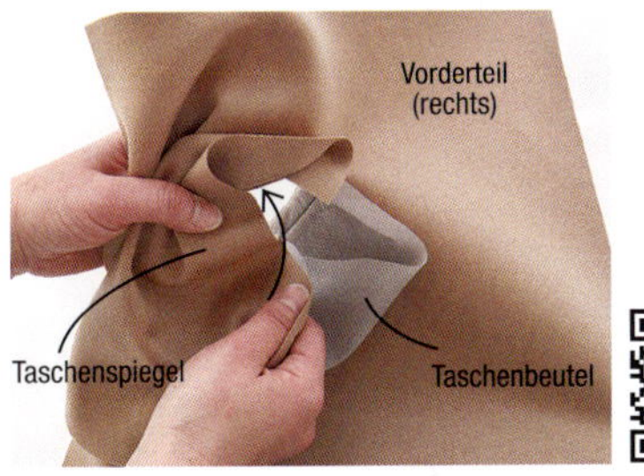

❻ Taschenbeutel und Taschenspiegel durch den Einschnitt auf die Rückseite durchschieben.

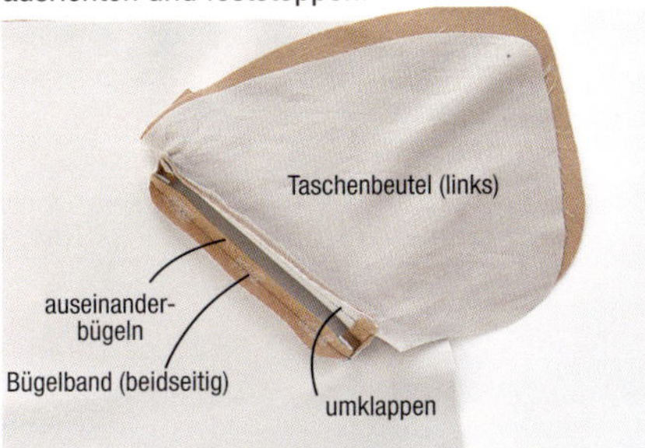

❼ Nahtzugaben von Leiste und Taschenbeutel umklappen, die von Leiste und Vorderteil ausbügeln und doppelseitiges Bügelband aufbringen.

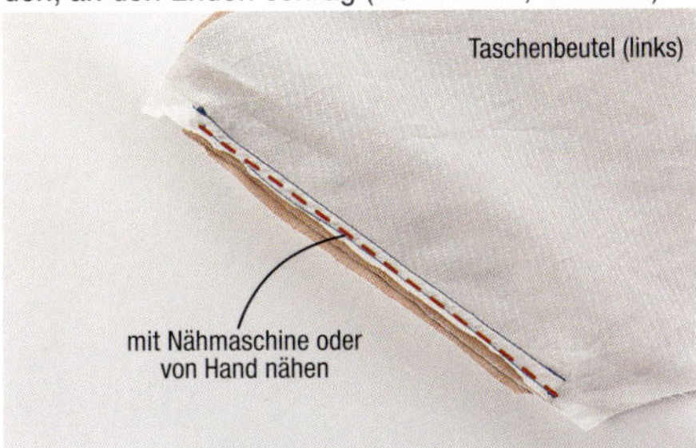

❽ Zugaben von Leiste und Taschenbeutel zurückklappen, bügeln und zusammennähen.

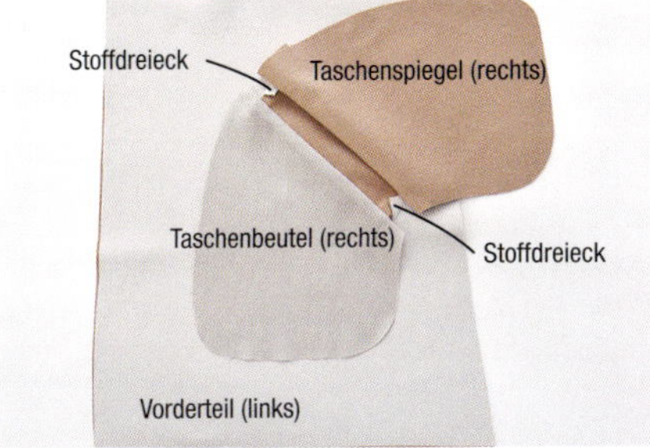

❾ Taschenbeutel wieder umklappen und die Stoffdreiecke am Einschnitt nach innen flach drücken.

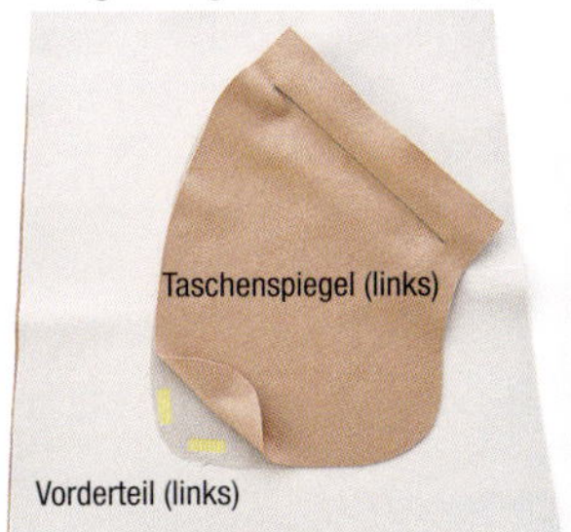

❿ Einige Stücke doppelseitiges Bügelband zum Fixieren der Kanten am Taschenbeutelrand aufbringen, Taschenspiegel darauflegen und festbügeln.

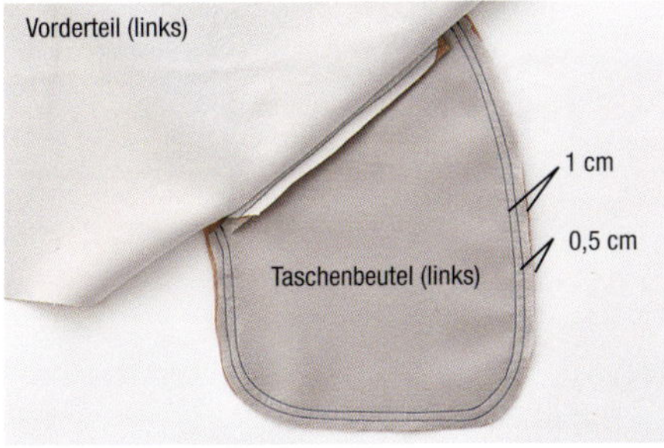

⓫ Taschenbeutel und Taschenspiegel rundherum zusammennähen. Kanten mit einer weiteren Naht (0,5 cm) sichern.

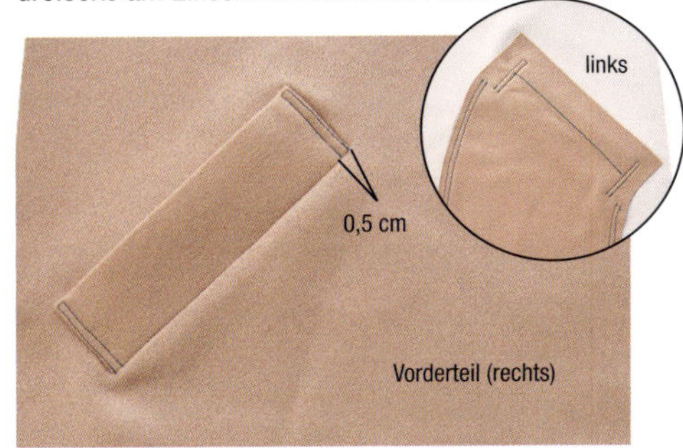

⓬ Leiste von rechts bügeln und beidseitig doppelt feststeppen, dabei werden die kleinen Dreiecke innen mitgefasst (oben die Ansicht der Innenseite).

Auswahl des Stoffes

Bei den meisten Modellen in diesem Buch kannst du den Stoff nach Belieben wählen, um beispielsweise für jede Jahreszeit den passenden Mantel zu nähen. Für Frühling und Herbst eignen sich Baumwolle, Leinen und Polyester. Aus dünnen Wollstoffen lassen sich gut ungefütterte Mäntel nähen. Im Winter sorgen gefütterte Mäntel aus dicken Wollstoffen für Tragekomfort und halten zudem schön warm. Hier werden die Stoffe der in diesem Buch abgebildeten Modelle vorgestellt.

Ungefütterte Modelle

● Seite 6

Wollwalk/Kochwolle

Der filzartige Charakter wird durch Hitze und Dampf erzielt. Dichte Struktur, deshalb auch in dünner Qualität warm; nicht fransende Stoffkanten.

● Seite 7

Dünner Wollstoff

Leichter Wollstoff mit Polyesteranteil. Fällt weich und kann auch ungefüttert verarbeitet werden.

● Seite 12

Gebondeter Polyesterstrick

Außergewöhnlicher Stoff aus dickem Polyesterstrick und einer Zwischenschicht aus Polyurethan. Sehr formstabil.

● Seite 16

Baumwoll-Nylon-Duvetine („Pfirsichhaut")

Dünn, aber knitterarm und robust und damit gut für Outdoor-Kleidung geeignet. Weiche Oberfläche durch leicht aufgerauten Flor.

● Seite 23

Baumwoll-Polyester-Gemisch mit Stretchanteil

Zeichnet sich durch hohen Tragekomfort aus. Der Stretchanteil sorgt für mehr Bewegungsfreiheit.

Gefütterte Modelle

● Seite 4

Wollköper

Hier in dicker Ausführung mit Angora- und Seidenanteil, fällt schön. Die typischen Schrägrippen kommen gut in einfachen Schnitten zur Geltung.

● Seite 8

Fancy-Wolltweed

Dekorativer gewebter Tweed aus dickem Noppengarn. Da er leicht ausfranst, sollte er gefüttert verarbeitet werden.

● Seite 10

Tuchloden (Melton)

Dieser typische Mantelstoff hält dank dichter Struktur sehr warm. Vielseitig einsetzbar und leicht zu verarbeiten.

● Seite 14

Harris-Tweed

Reiner Wollstoff mit grobem Webmuster. Vor allem das Original von der schottischen Insel Harris erfreut sich in den letzten Jahren großer Beliebtheit.

● Seite 17

Wolltweed mit Schlingenstruktur

Durch Beimischung von Seide (oder anderem wie Nylon) ist dieser Stoff leichter und fällt besser als reine Wolle.

● Seite 20

Dicker Langflor-Wollstoff

Das langflorige Material hält warm und fühlt sich hochwertig an. Beim Zuschneiden muss auf die Strichrichtung (verläuft nach unten) geachtet werden.

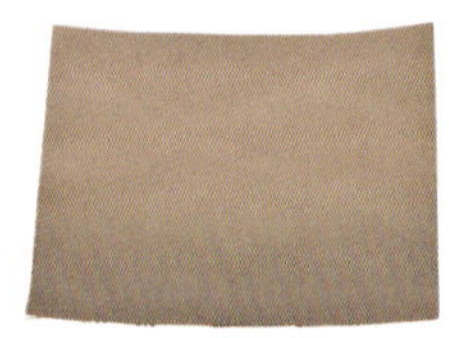

● Seite 22

Baumwollstretch

Gut geeignet für mittelschwere Mäntel. Einfach und angenehm zu tragen, ideal für Übergangsmodelle.

● Seite 24

Dicker Wollstoff

Reine Wolle mit meliertem Erscheinungsbild. Eher steif, gut geeignet für Modelle, die formstabil sein sollen.

● Seite 26

Strickloden

Dieser Wollwalk ist gestrickt. Er dehnt sich kaum und ist daher gut geeignet für formstabile Mäntel. Wärmt gut und trägt sich hervorragend.

● Seite 28

Dicker Wollstoff mit Alpaka

Elegantes Material mit großem Hahnentrittwebmuster. Der Alpakaanteil macht es weich und leichter, als es aussieht.

● Seite 29

Dicker Wollstoff mit Kaschmir

Durch den Kaschmiranteil ist das Material schön weich und fühlt sich seidig an. Leicht glänzend und hochwertig.

Wendemodelle

● Seite 13

Doppelseitiger Wollstoff

● Seite 18

Doppelseitiger Wollstoff

Auch Doubleface genannt. Mäntel aus diesem Material lassen sich wenden und von beiden Seiten tragen. An den Stoffkanten werden die Schichten voneinander getrennt und dann eingeschlagen. Das erfordert zwar ein wenig Geduld, ist aber nicht schwer zu nähen.

Waschen

Selbst waschen

Nur ungefütterte Modelle (keine Wollstoffe) können selbst gewaschen werden. Der Stoff sollte dann schon vor dem Zuschnitt gewaschen, dann nass in Form gezogen und nach dem Trocknen gebügelt werden.

Sonderfall Wolle

Wollstoffe dürfen nicht gewaschen werden. Stattdessen mit dem Dampfbügeleisen von links mit sanftem Druck in Form bügeln. Da manche Materialien sich unter Bügelhitze oder Dampf verändern, zuerst an einem Stoffrest testen!

Auswahl des Futterstoffs

Funktion des Futters
Ein gefütterter Mantel hält wärmer und lässt sich leichter an- und ausziehen. Zudem schützt das Futter den Mantel vor Formverlust. Vorteilhaft beim Nähen ist, dass Futter die Rückseite des Oberstoffs verdeckt und dieser daher nicht versäubert werden muss.

Material
Meist verwendet man Futter aus Acetat oder Polyester, aber auch gemusterte Stoffe aus Baumwolle oder Fasergemisch können hübsche versteckte Akzente setzen. Für ein angenehmes Tragegefühl sollte aber zumindest das Ärmelfutter gut rutschen, also glatt sein.

Cupro (Kupferseide)
Glänzend und fließend, gutes Tragegefühl. Rutscht jedoch beim Zuschneiden und Nähen, deshalb für Anfänger weniger empfehlenswert.

Polyester
Weniger fließend als Cupro, dafür einfacher zuzuschneiden und zu verarbeiten. Preiswerter als Cupro.

Streifenstoff
Gemusterte Futterstoffe können sehr hübsch wirken. Geeignet sind dünne, glatte Baumwollstoffe oder Baumwoll-Polyester-Gemische.

gemusterter Futterstoff
Es gibt auch Futterstoffe mit eingewebten Mustern, die einem Mantel einen unaufdringlichen Schick verleihen.

Bügeleinlage

Funktion
Die meisten Mäntel werden mit Bügeleinlage unterlegt, damit sie die Form halten. Bei dicken wie bei dünnen Stoffen bestimmt die Einlage oft das Erscheinungsbild des Mantels. Zudem verstärkt sie Stellen, die beim Tragen beansprucht werden und verschleißanfällig sind.

Die Qual der Wahl
Es gibt verschiedene Arten von Bügeleinlagen, zwischen denen du je nach Oberstoff wählen kannst. Auf jeden Fall solltest du vor dem Aufbügeln eine Probe mit einem Stück Bügeleinlage und Oberstoff von jeweils 10 cm Kantenlänge machen. So siehst du, ob die Einlage schrumpft, ob sie hart wird und wie sich der Stoff damit anfühlt.

Aufbügeln
Bügeleinlage auf die Stoffteile legen, mit Kraftpapier abdecken und unter Druck 10 Sekunden lang aufbügeln. Das Bügeleisen dabei nicht bewegen und dann so oft neu aufsetzen, bis die gesamte Einlage festgebügelt ist. Danach den Stoff zum Fixieren eine Weile ruhen lassen.
Damit der Klebstoff an der Einlage keine Rückstände am Bügeleisen hinterlässt, stets eine dünne Papierschicht dazwischenlegen.

gewebte Einlage
Diese Einlage sieht aus wie Gaze und besteht aus Schuss- und Kettfäden. Sie eignet sich auch gut für dünne Stoffe und verleiht ihnen mehr Stand.

Vlieseinlage
Dünne weiche Vlieseinlagen bringen einen Oberstoff schön zur Geltung; es gibt sie auch in elastischer Qualität für Strickstoffe. Sie sind besonders bei dünnen Stoffen ein wahrer Alleskönner!

Bügelbänder

Kantenband
Sorgt für saubere Kanten an Vorderteil oder Kragenrand und verhindert das Ausreißen am Tascheneingriff. Es gibt verschiedene Ausführungen; ein weiches Nahtband, das sich durch Einschneiden auch Rundungen anpasst, gehört ebenfalls zur Grundausstattung.

doppelseitiges Stoffklebeband
Eignet sich gut zum Verbinden von Stoffteilen und ist schnell aufgebügelt. Praktisch zum Fixieren dicker Wollstoffe, die nach dem Abstecken mit Nadeln oft verrutschen. Abgebildetes Band erhältlich bei www.butinette.com

Schnittmuster übertragen

Der gewünschte Mantelschnitt wird vom Schnittmusterbogen auf einen separaten Bogen Schnittmusterpapier (o. Ä.) übertragen.

1 Übertragen

Schnittmuster- oder anderes durchscheinendes Papier auf den Schnittbogen legen, gewünschte Größe abpausen, dabei ein Lineal verwenden, dieses in den Krümmungen engschrittig verrücken. Beschriftung und Passzeichen mit übertragen.

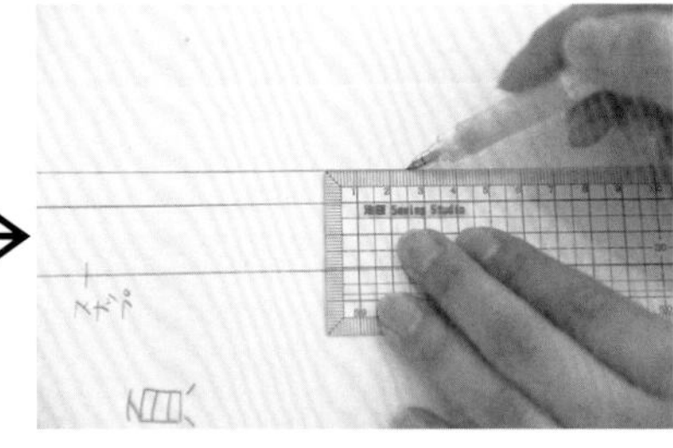

2 Nahtzugaben anzeichnen

Nach dem Übertragen des Schnittmusters die Nahtzugaben mithilfe eines Gitterlineals (Schneiderlineals) in der angegebenen Breite anzeichnen. Dann das Papier entlang dieser Linien ausschneiden, um das Schnittmuster inklusive Nahtzugaben zu erhalten.

Nähen

Die Nahtlinien wurden hier auf dem Stoff nicht angezeichnet. Beim Nähen die Stoffkante für die Zugabe entweder auf die Ziffern auf der Stichplatte ausrichten oder einen Nahtabstandshalter verwenden (Abb.: magnetische Variante): auf die Breite der Zugabe einstellen und die Stoffkante beim Nähen daran entlangführen.

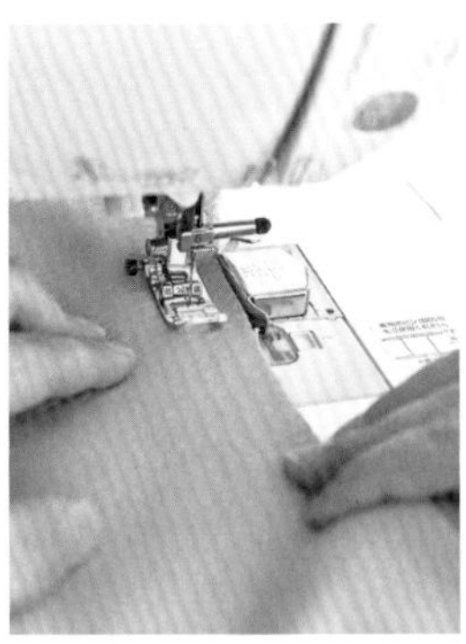

Zuschneiden

Das Zuschneiden ist ein wesentlicher Arbeitsschritt vor dem eigentlichen Nähen. Wenn du hier sorgfältig vorgehst, wird das Nähen viel einfacher!

Stoffe mit Strichrichtung

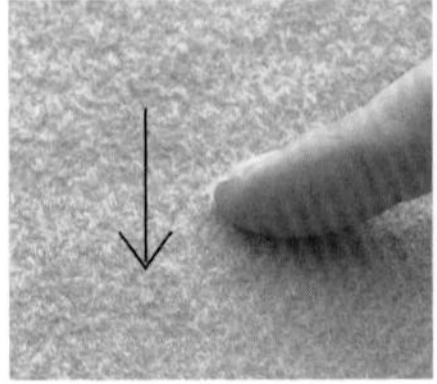

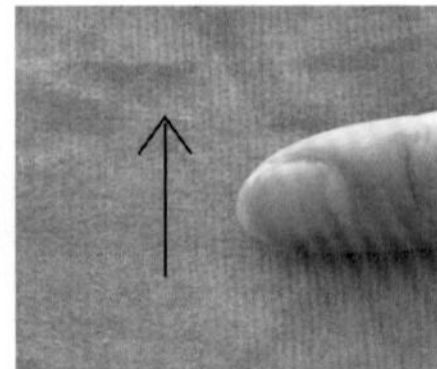

Strich nach unten
Fühlt sich beim Darüberstreichen nach unten glatt an. Mit dem Strich nach unten schneidet man z. B. langflorige Wollstoffe zu.

Strich nach oben
Fühlt sich beim Darüberstreichen nach oben glatt an. Cord oder Samt schneidet man mit dem Strich nach oben zu.

Musterverlauf abstimmen

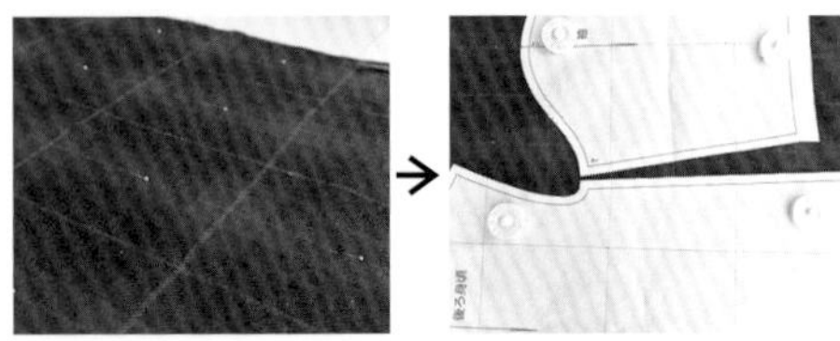

Stoff zur Hälfte falten, Webkanten aufeinanderstecken. Um den Musterverlauf z. B. an Rumpf und Ärmeln abzustimmen, das Muster grob auf den Rumpfschnitt übertragen (bei Karomustern an auffälligen Linien orientieren). Festlegen, wo das Muster sich fortsetzen soll, Ärmelschnitt auf Höhe der Achsel danebenlegen, Muster fortlaufend aufzeichnen. Für den Zuschnitt die Papierteile entsprechend an das Stoffmuster anlegen.

1 Anordnen

Papierschnitt auf den Stoff auflegen, wie im Zuschneideplan angegeben. Dabei unbedingt prüfen, ob der Stoff ausreicht! Stoffe mit Strichrichtung oder anpassungsbedürftigem Musterverlauf müssen in einer Richtung zugeschnitten werden, hier von vornherein mehr Stofflänge einrechnen. Beim Zuschneiden von Teilen im Stoffbruch (z. B. Beleg) die Einlage dann ebenfalls im Bruch zuschneiden.

2 Zuschneiden

Mit einer Schneiderschere lässt sich der Stoff entlang der Konturen des Papierschnitts leicht in der gewünschten Größe zuschneiden. Wichtig: Schere dabei nicht anheben, sondern auf der Arbeitsfläche entlangführen.

Rollschneider benutzen

Bei kleinen Schnittteilen und für Rundungen ist es hilfreich, einen Rollschneider mit Schneidematte zu verwenden. Das ist auch für leicht verrutschende Futterstoffe empfehlenswert.

Aufbewahrung

Papierschnittteile mit den festgesteckten Stoffteilen locker aufeinanderlegen. So können diese bis zum Nähen z. B. in einem Korb aufbewahrt werden. Auf diese Weise kommen die Teile nicht durcheinander und die Stoffkanten fransen weniger aus.

Markieren

Alle Passzeichen, Markierungen für die Taschenpositionen etc. werden von den Schnittbogen auf den Papierschnitt und dann auf den Stoff übertragen.

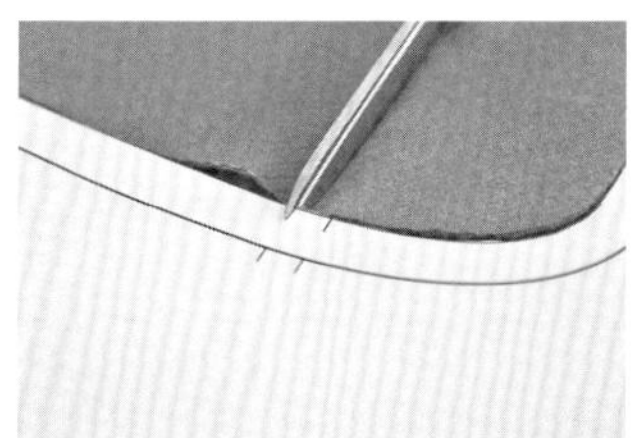

Einschnitte
Passzeichen können durch 3–5 mm lange Einschnitte mit der Schere markiert werden, am besten direkt nach dem Zuschneiden. So werden sie nicht vergessen.

Punktmarkierungen
Die Taschenpositionen markiert man auf der Stoffvorderseite mit Punkten, die später knapp von der Tasche verdeckt werden. Dazu die Punkte mit der Lochzange oder Ahle im Papierschnittteil ausstechen.

→

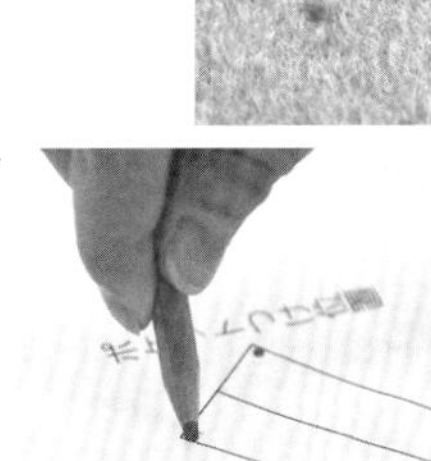

Dann mit einem Textilstift in Kontrastfarbe das Stoffteil durch das Loch hindurch markieren.

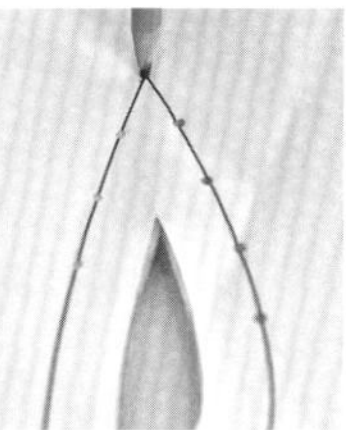

Auch komplizierte Nähte wie an Rundungen (siehe z. B. Modell E auf S. 26) lassen sich durch Punktmarkierungen leichter nähen.

Schwer zu markierende Stoffe
Lässt sich ein Stoff nicht mit einem Stift markieren, sollte ein Heftfaden in einer Kontrastfarbe verwendet und damit „durchgeschlagen“ werden.

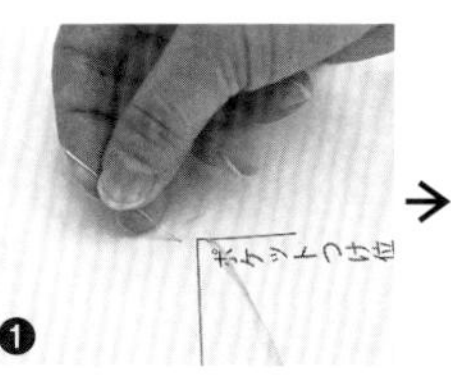

❶ Doppelten Faden unverknotet neben der Markierung durch Papier und Stofflagen ziehen.

→

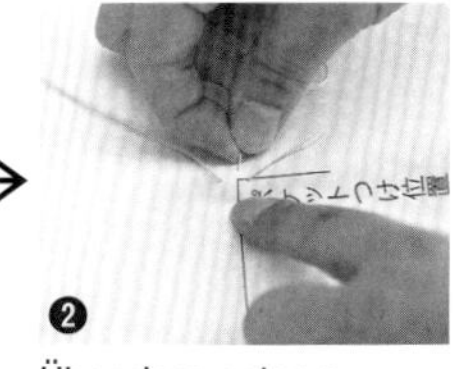

❷ Über dem entsprechenden Punkt locker ein kleines Fadenkreuz nähen, nicht anziehen.

→

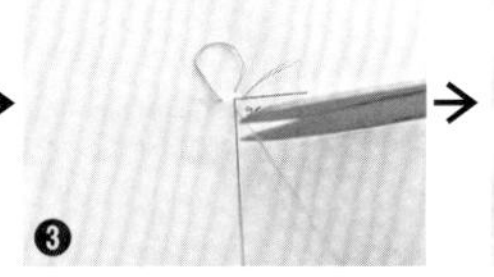

❸ Den Faden nur so weit anziehen, dass eine Schlaufe bleibt; mit Zugabe abschneiden.

→

❹ Die Schlaufe auf dem Papierschnittteil durchschneiden.

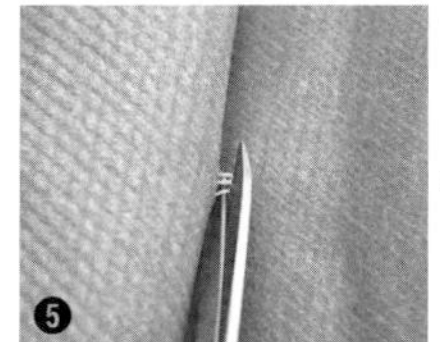

❺ Obere Stofflage umklappen; Faden vorsichtig durchschneiden.

→

❻ Die Fadenreste dienen nun als Markierung.

→

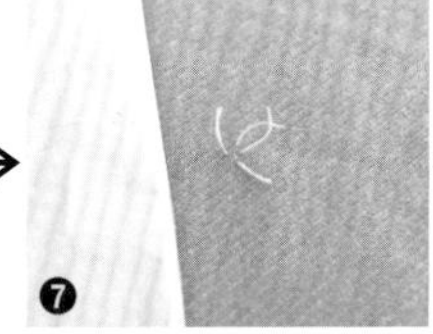

❼ Beim Abziehen des Papierschnitts sind nun beide Stoffteile markiert.

→

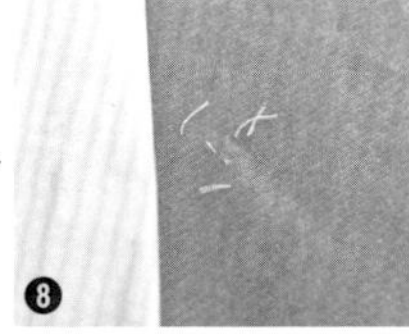

❽ Fäden evtl. leicht kürzen (nicht herausziehen!) und flach drücken.

Bügeln

Sorgfältiges Bügeln zwischen den einzelnen Nähschritten sorgt für ein perfektes Ergebnis. Wichtig ist die Wahl der richtigen Bügeltemperatur; vor allem Wolle muss mit Dampf gebügelt werden, um sie in Form zu bringen. Für Stoffe mit Strich unbedingt ein Bügeltuch verwenden – notfalls reicht ein Taschentuch oder ein dünner Stoffrest.

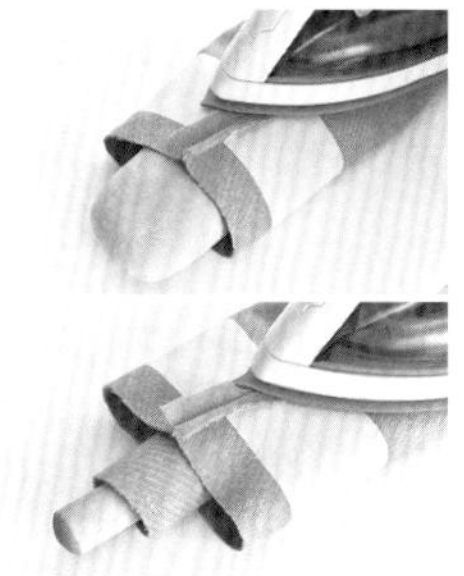

Ärmelbrett verwenden
Zum Ausbügeln der Ärmelnähte empfiehlt sich ein Ärmelbrett. Alternativ kann man sich mit einem mit Wolltuch umwickelten Nudelholz behelfen. Rundungen und plastische Formen werden am besten mit einem Ärmelkissen gebügelt.

Nadeln und Garne für die Nähmaschine

Für die Modelle in diesem Buch sind Nähmaschinengarn aus Polyester („Allesnäher“) und Nadeln der Stärke 75 empfehlenswert. Zum Absteppen kann man auch stärkeres Garn nehmen; dann die Nadelstärke darauf abstimmen. Für Handnähte wie den Blindstich lässt sich ebenfalls Allesnäher verwenden, bei längeren Nähten ist jedoch ein spezielles Handnähgarn zu empfehlen, das sich nicht so leicht verdreht. Wer Knopflöcher von Hand nähen möchte, verwendet dafür am besten Knopflochgarn.

Polyestergarn Nadelstärke 75

starkes Garn Nadelstärke 90

Handnähgarn

Knopflochgarn

Größen und Abmessungen

Größentabelle

Maße in cm (Körpermaße, unbekleidet)

	Brustumfang	Rückenlänge	Armlänge
S	78	37	50,5
M	83	38	53
L	87	39	53,5
XL	90	40	55
2XL	94	41	56,5
3XL	98	42	58

Abmessungen der Mäntel

Um die Größenauswahl zu erleichtern, sind auf der Anleitungsseite zusätzlich die Abmessungen des fertigen Mantels angegeben.

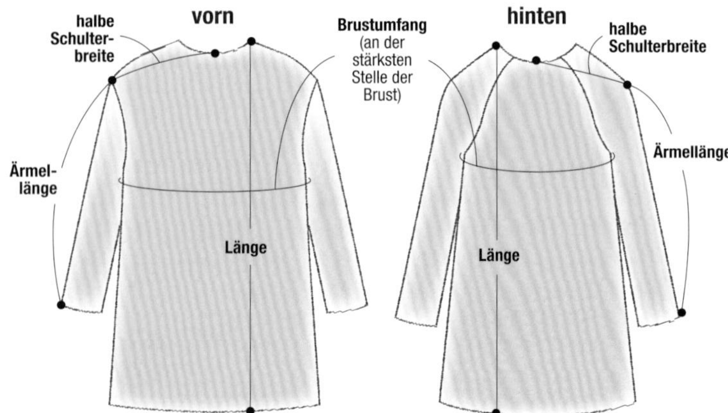

Wenn der Armausschnitt über den Schulterpunkt hinausreicht (Drop-Shoulder-Modelle), erscheint die Ärmellänge oft kurz. Ob sie passt, lässt sich durch Addieren von halber Schulterbreite und Ärmellänge überprüfen.

○ Schnittmuster abpausen

Abänderung der Papierschnitte

Es gibt 5 Grundformen: **A**, **B**, **C**, **D**, **E**. Bei den Grundschnitten **A**-1, **B**-1, **C**-1, **D**-1 und **E**-1 werden die Schnittteile unverändert übernommen. Bei den Modellen 2–4 sind sie meist abgeändert, wie jeweils in der Übersicht „Änderungen Papierschnitt" auf den Anleitungsseiten angegeben.

Modell	Abänderung der Schnittteile
A-1	unverändert
A-2, **A**-3, **A**-4	abgeändert
B-1	unverändert
B-2, **B**-3	abgeändert
C-1, **C**-4	unverändert
C-2, **C**-3	abgeändert
D-1	unverändert
D-2, **D**-3, **D**-4	abgeändert
E-1, **E**-2	unverändert
E-3	abgeändert

Papierschnitt für Belege und Futterrumpf anfertigen

Beleglinien sind in den Rumpfteilen eingezeichnet. Ist „inkl. Beleg/Futter" angegeben, teilt sich das Schnittteil an der Beleglinie in Beleg und Futterteil.

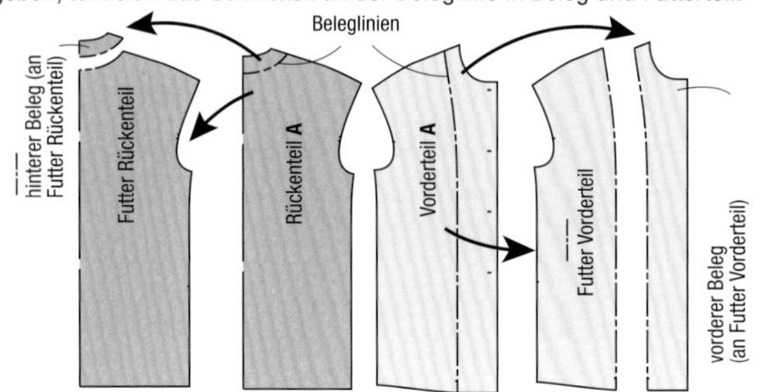

Drop-Shoulder-Mantel, ungefüttert und ungesäumt

Schnittbogen A-Seite (A), B-Seite (Klappentasche)

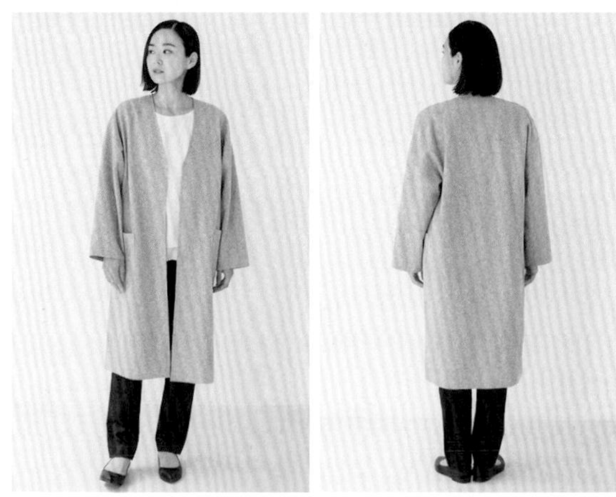

Abmessungen (in cm)

	S	M	L	XL	2XL	3XL
Brustumfang	104,5	112	116,5	121,5	127	133
halbe Schulterbreite	28,5	30	31,5	32,5	34	35,5
Länge	102,5	104,5	107,5	109	111	113
Ärmellänge	45,5	47	48	49,5	50,5	51,5

Materialien

<Stoff>

○ Wollwalk: 150 cm breit,
S 1,70 m **M** 1,80 m **L** 1,90 m **XL** 2,40 m **2XL** 2,50 **3XL** 2,60

<Zubehör>

○ Bügeleinlage: 20 cm breit, 20 cm

Zu beachten

○ Es gibt Teile mit und ohne Nahtzugaben.

○ Da die Schnittkanten am fertigen Mantel sichtbar sind, am besten einen nicht fransenden Stoff wählen und besonders sorgfältig zuschneiden.

Nähablauf

(Papierschnitt **A** abändern und Stoff nach Plan zuschneiden.)

1. Vorderteile und Rückenteil aufeinanderlegen, Schulternähte schließen (Abb.)
2. Belege an der hinteren Mitte zusammennähen, auf Rumpfteil legen und festnähen (Abb.)
3. Armkugel auf den Armausschnitt legen und festnähen (Abb.)
4. Ärmelnaht und Seitennaht in einem Arbeitsgang schließen (Abb.)
5. Taschen anfertigen und auf die Vorderteile nähen (Abb.)

Das abgebildete Model ist 164 cm groß und trägt Größe M.

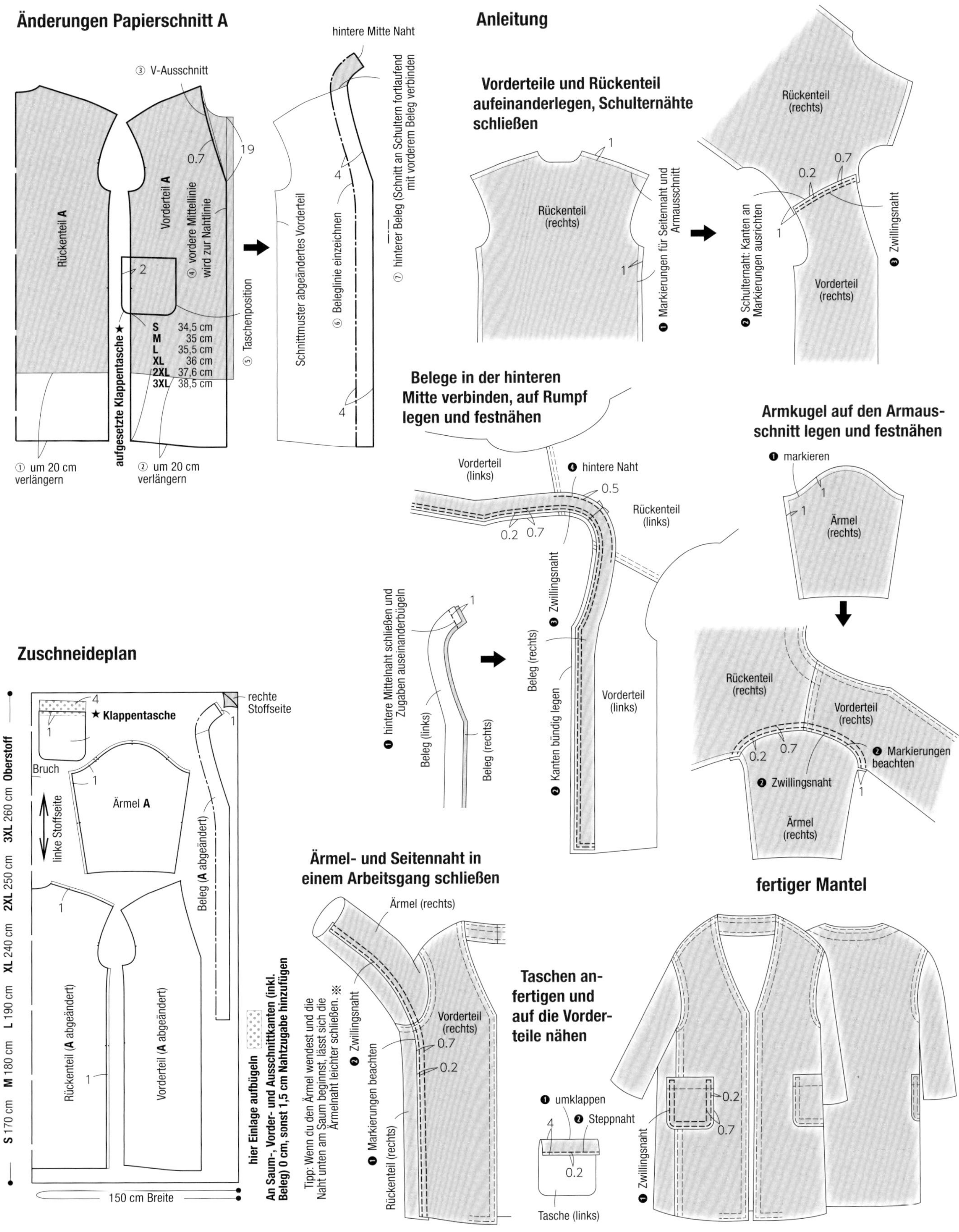
Änderungen Papierschnitt A
③ V-Ausschnitt
0.7
19
Rückenteil A
Vorderteil A
④ vordere Mittellinie wird zur Nahtlinie
2
aufgesetzte Klappentasche ★
S 34,5 cm
M 35 cm
L 35,5 cm
XL 36 cm
2XL 37,6 cm
3XL 38,5 cm
⑤ Taschenposition
① um 20 cm verlängern
② um 20 cm verlängern
hintere Mitte Naht
Schnittmuster abgeändertes Vorderteil
⑥ Beleglinie einzeichnen
⑦ hinterer Beleg (Schnitt an Schultern fortlaufend mit vorderem Beleg verbinden
4
Anleitung
Vorderteile und Rückenteil aufeinanderlegen, Schulternähte schließen
Rückenteil (rechts)
❶ Markierungen für Seitennaht und Armausschnitt
❷ Schulternaht: Kanten an Markierungen ausrichten
❸ Zwillingsnaht
Vorderteil (rechts)
0.2
0.7
1
Belege in der hinteren Mitte verbinden, auf Rumpf legen und festnähen
Vorderteil (links)
❹ hintere Naht
0.5
Rückenteil (links)
❸ Zwillingsnaht
Beleg (rechts)
❷ Kanten bündig legen
Vorderteil (links)
❶ hintere Mittelnaht schließen und Zugaben auseinanderbügeln
Beleg (links)
Beleg (rechts)
Armkugel auf den Armausschnitt legen und festnähen
❶ markieren
Ärmel (rechts)
Rückenteil (rechts)
Vorderteil (rechts)
❷ Markierungen beachten
❷ Zwillingsnaht
Ärmel (rechts)
Zuschneideplan
rechte Stoffseite
★ Klappentasche
Bruch
Ärmel A
linke Stoffseite
Beleg (A abgeändert)
Rückenteil (A abgeändert)
Vorderteil (A abgeändert)
150 cm Breite
S 170 cm M 180 cm L 190 cm XL 240 cm 2XL 250 cm 3XL 260 cm Oberstoff
hier Einlage aufbügeln
An Saum-, Vorder- und Ausschnittkanten (inkl. Beleg) 0 cm, sonst 1,5 cm Nahtzugabe hinzufügen
Tipp: Wenn du den Ärmel wendest und die Naht unten am Saum beginnst, lässt sich die Ärmelnaht leichter schließen. ※
Ärmel- und Seitennaht in einem Arbeitsgang schließen
Ärmel (rechts)
❷ Zwillingsnaht
❶ Markierungen beachten
Vorderteil (rechts)
Rückenteil (rechts)
Taschen anfertigen und auf die Vorderteile nähen
❶ umklappen
❷ Steppnaht
Tasche (links)
fertiger Mantel
❶ Zwillingsnaht

Drop-Shoulder-Mantel Grundschnitt

Schnittbogen A-Seite (A), B-Seite (Klappentasche)

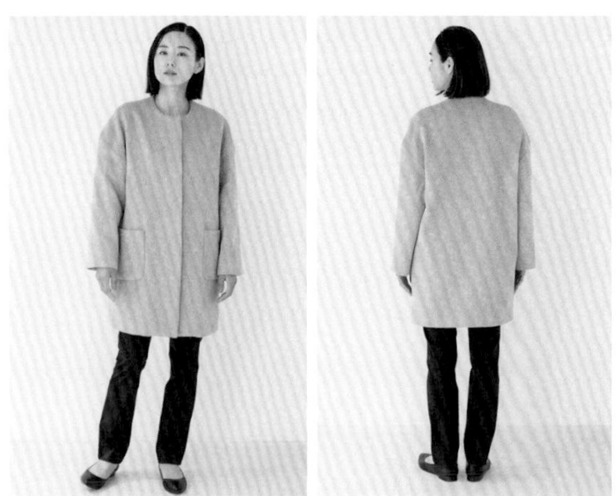

Abmessungen (in cm)

	S	M	L	XL	2XL	3XL
Brustumfang	104,5	112	116,5	121,5	127	133
halbe Schulterbreite	28,5	30	31,5	32,5	34	35,5
Länge	82,5	84,5	87	89	91	93
Ärmellänge	45,5	47	48	49,5	50,5	51,5

Materialien

<Stoff>

○ flauschiger Wollköper: 145 cm breit,
S 1,80 m **M** 1,80 m **L** 2,00 m **XL** 2,30 m **2XL** 2,60 m **3XL** 2,70 m

○ Futterstoff: 110 cm breit,
S 1,60 m **M** 1,60 m **L** 2,00 m **XL** 2,10 m **2XL** 2,40 m **3XL** 2,50 m

<Zubehör>

○ Bügeleinlage: 90 cm breit, 2,60 m

○ Kantenband (9 mm breit)

○ 4 Druckknöpfe (25 mm Durchmesser)

Zu beachten

○ Da die Taschenaußenkanten direkt an der Seitennaht verlaufen, werden die Taschen erst nach dem Schließen dieser Naht aufgenäht.

Nähablauf

(Stoff nach Plan zuschneiden. Einlage von links auf den Oberstoff aufbügeln.)

<Rumpf nähen>

1 Kantenband auf Vorderteilen anbringen (Abb.)
2 Rumpf nähen (S. 31 – **3**)
3 Ärmel nähen, am Rumpf ansetzen (S. 31 – **5**)
4 Klappentaschen nähen (S. 36)
5 Taschen auf Vorderteile nähen (Abb.)

<Futterrumpf nähen>

6 Futterrumpf nähen (S. 32 – **6**)
7 Futterärmel nähen, am Futterrumpf ansetzen (S. 32 – **8**)

<Oberstoff- und Futterrumpf verbinden>

8 Oberstoff- und Futterrumpf zusammennähen (Abb.)
9 Schulternahtzugaben von innen anheften (S. 34 – **12**)
10 Ärmelsäume nähen und Ärmel anheften (S. 34 – **13**)
11 Saum von innen anheften und nähen (S. 34 – **14**)
12 Seitennähte von innen anheften (S. 34 – **15**)
13 Wenden (S. 35 – **16**)

<Fertigstellen>

14 Saum fertigstellen (S. 35 – **17**)
15 Druckknöpfe annähen (Abb. **15**)

Zuschneideplan

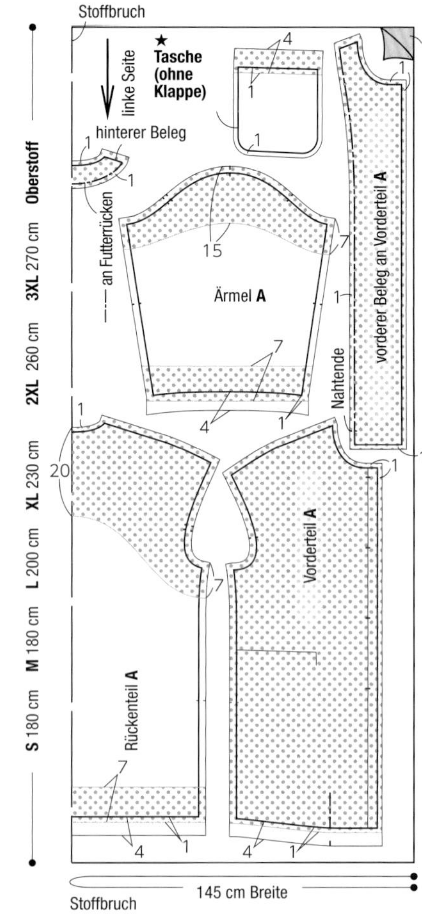

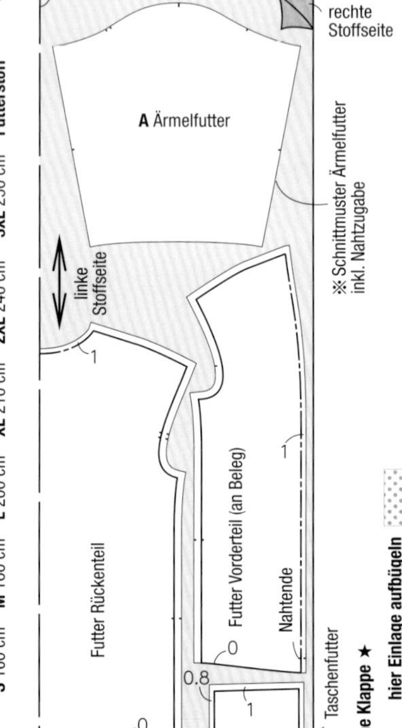

Anleitung

Kantenband auf Vorderteilen anbringen

0.9
0.9
Vorderteil
(links)
Kantenband anbringen
3.9

Taschen auf Vorderteile nähen

Vorderteil
(rechts)
Tasche
(rechts)
❶ Tasche und Futter rechts auf rechts nähen
Taschenfutter
(rechts)
Vorderteil
(rechts)
Tasche
(rechts)
❷ Das Taschenfutter sollte nicht sichtbar sein

Vorderteil
(rechts)
Tasche von Hand aufnähen

※Anleitung für Klappentasche auf Seite 36

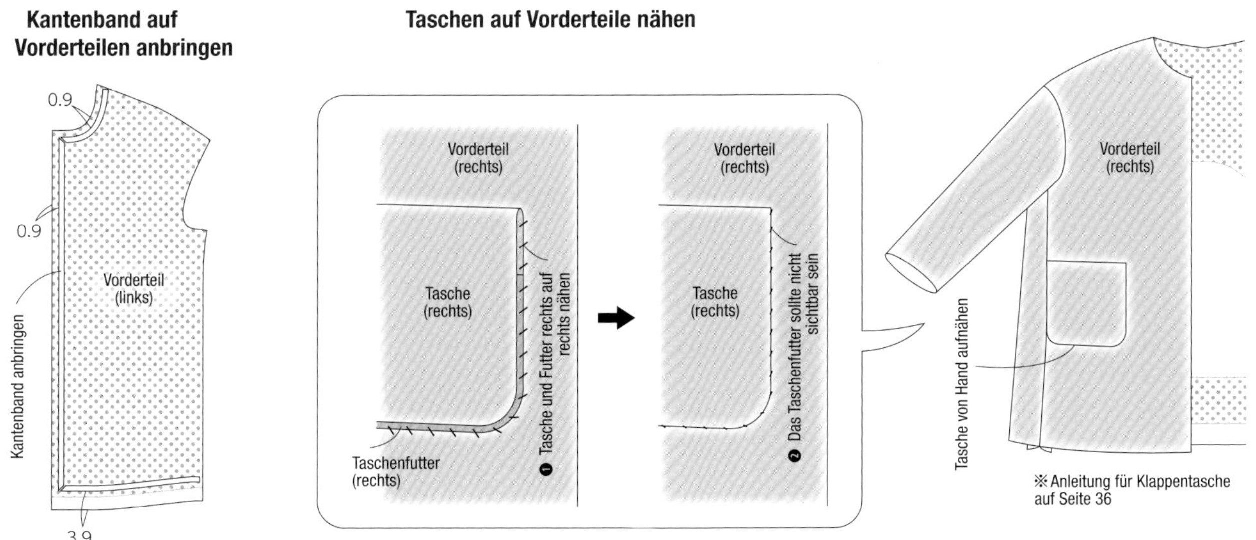

Oberstoff- und Futterrumpf zusammennähen

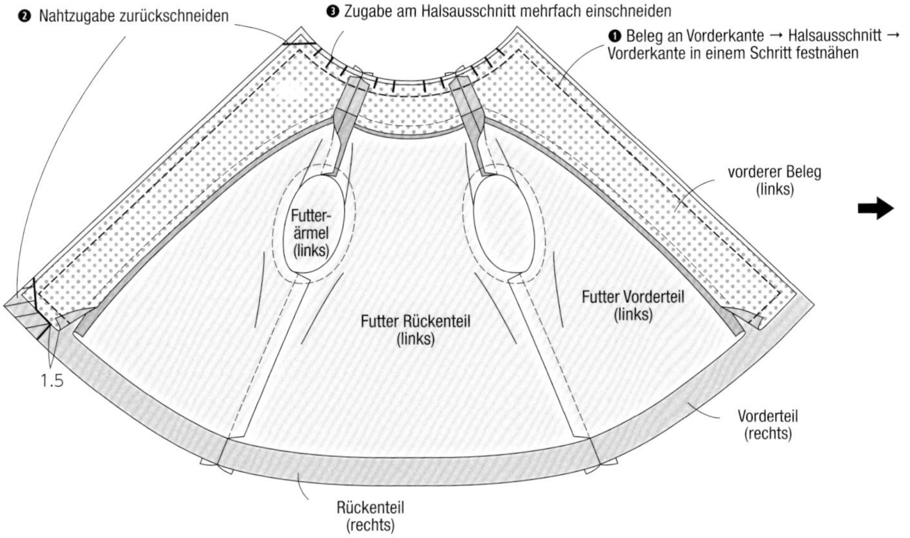

❷ Nahtzugabe zurückschneiden
❸ Zugabe am Halsausschnitt mehrfach einschneiden
❶ Beleg an Vorderkante → Halsausschnitt → Vorderkante in einem Schritt festnähen
vorderer Beleg
(links)
Futter-
ärmel
(links)
Futter Rückenteil
(links)
Futter Vorderteil
(links)
1.5
Vorderteil
(rechts)
Rückenteil
(rechts)

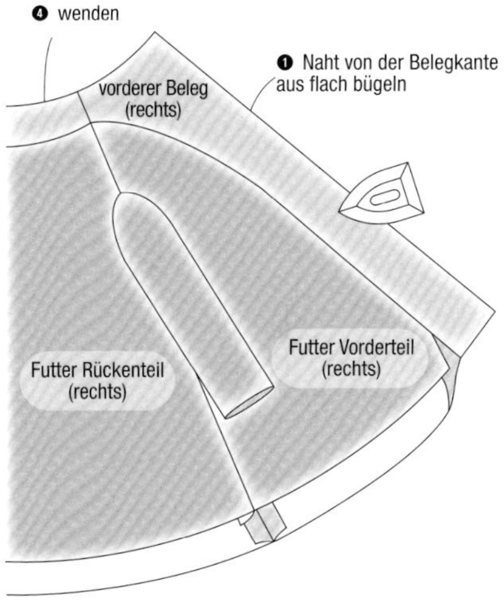

❹ wenden
❶ Naht von der Belegkante aus flach bügeln
vorderer Beleg
(rechts)
Futter Rückenteil
(rechts)
Futter Vorderteil
(rechts)

fertiger Mantel

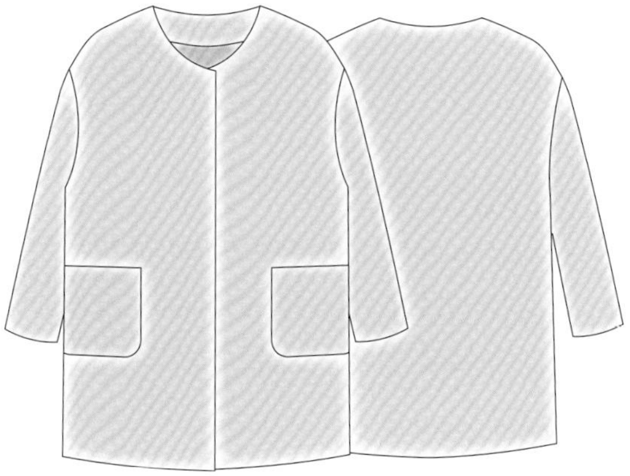

15 Druckknöpfe annähen

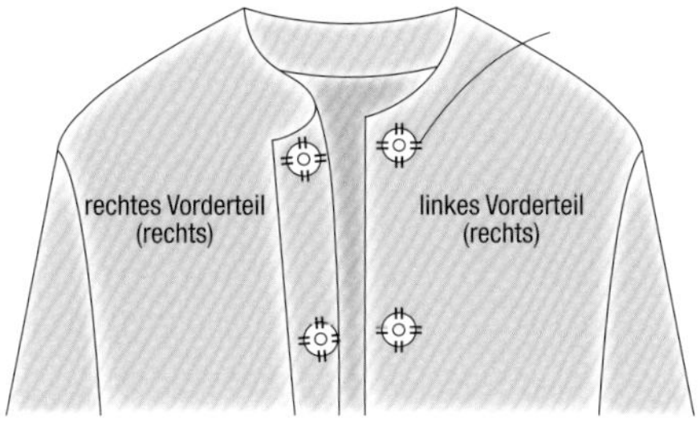

rechtes Vorderteil
(rechts)
linkes Vorderteil
(rechts)

A-3 Drop-Shoulder-Langmantel, ungefüttert

Schnittbogen A-Seite (A), B-Seite (Paspeltasche)

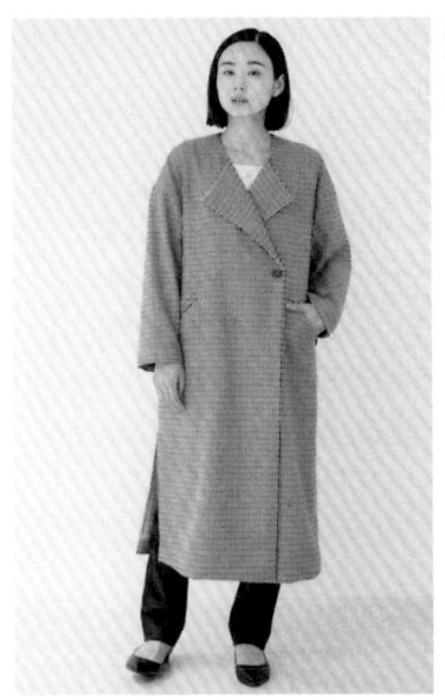
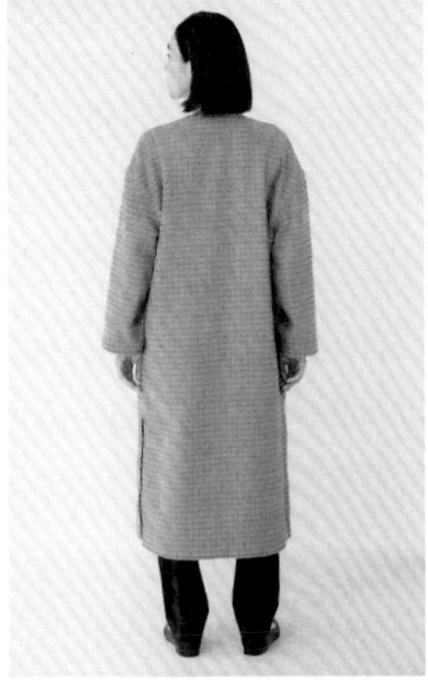

Abmessungen (in cm)

	S	M	L	XL	2XL	3XL
Brustumfang	104,5	112	116,5	121,5	127	133
halbe Schulterbreite	28,5	30	31,5	32,5	34	35
Länge	112,5	114,5	117	119	121	123
Ärmellänge	45,5	47	48	49,5	50,5	51,5

Materialien

<Stoff>

○ dünner Wollstoff:150 cm breit,
S 2,50 m **M** 2,60 m **L** 3,10 m **XL** 3,20 m **2XL** 3,30 m **3XL** 3,40 m

<Zubehör>

○ Bügeleinlage: 130 cm breit, 1,30 m
○ Schrägband zum Einfassen: 8 mm breit,
S 12,60 m **M** 13,20 m **L** 13,60 m **XL** 13,90 m **2XL** 14,50 m **3XL** 16 m
○ 1 Knopf (25 mm Durchmesser)
○ 1 Gegenknopf (25 mm Durchmesser)

Zu beachten

○ Statt mit Schrägband können die Nahtzugaben auch im Overlockstich oder Zickzackstich versäubert werden.
○ Die Säume an den Ärmeln und der unteren Kante können von Hand oder mit der Maschine genäht werden.

Nähablauf

(Papierschnitt **A** abändern. Stoff nach Plan zuschneiden. Einlage von links auf den Oberstoff aufbügeln.)

<Rumpf nähen>

1 Belege an den Schultern zusammennähen (Abb.)
2 Stoffkanten paspelieren (Abb.)
3 Paspeltaschen in die Vorderteile einsetzen (S. 38)
4 Rumpfteile aufeinanderlegen, Schulter- und Seitennähte schließen (Abb.)
5 Belege an den Vorderteilen anbringen, Saum nähen (Abb.)
6 Ärmelnähte schließen, Ärmelsäume nähen (Abb.)
7 Ärmel am Rumpf ansetzen (Abb.)
8 Knopflöcher nähen, Knöpfe befestigen (Abb.)

Änderungen Papierschnitt A

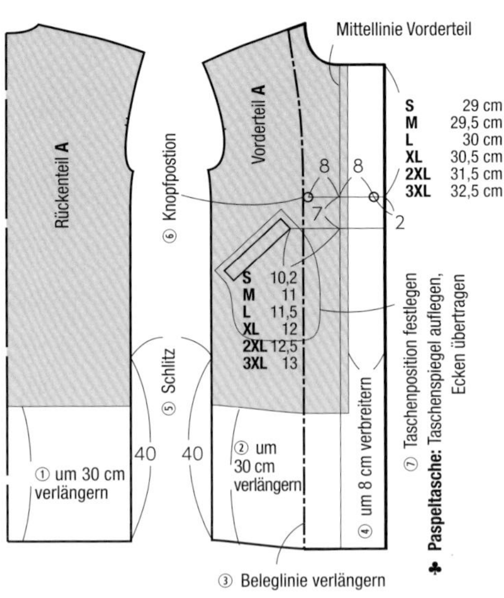

Zuschneideplan

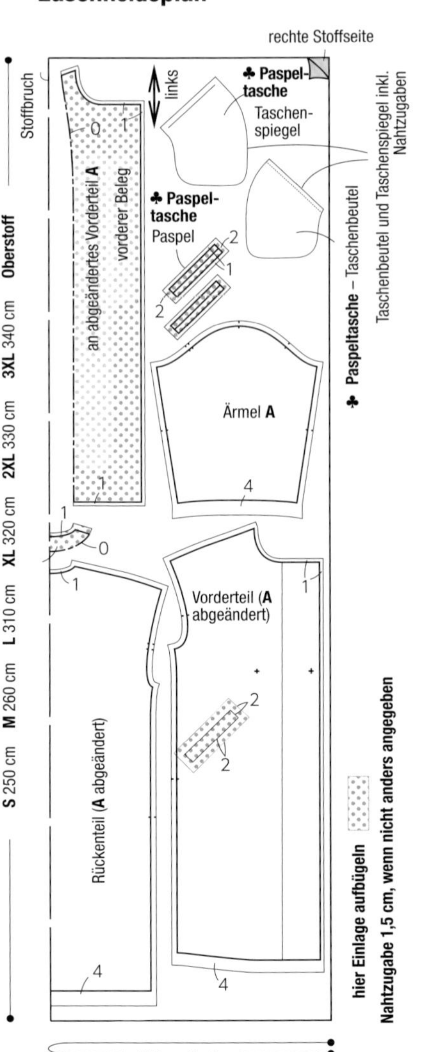

Nahtzugabe einfassen

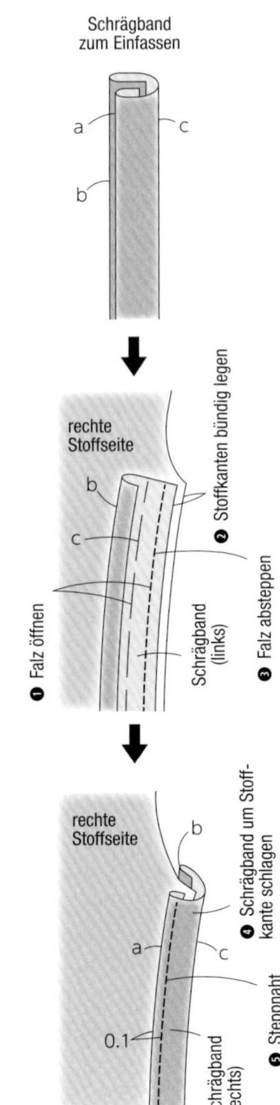

Anleitung

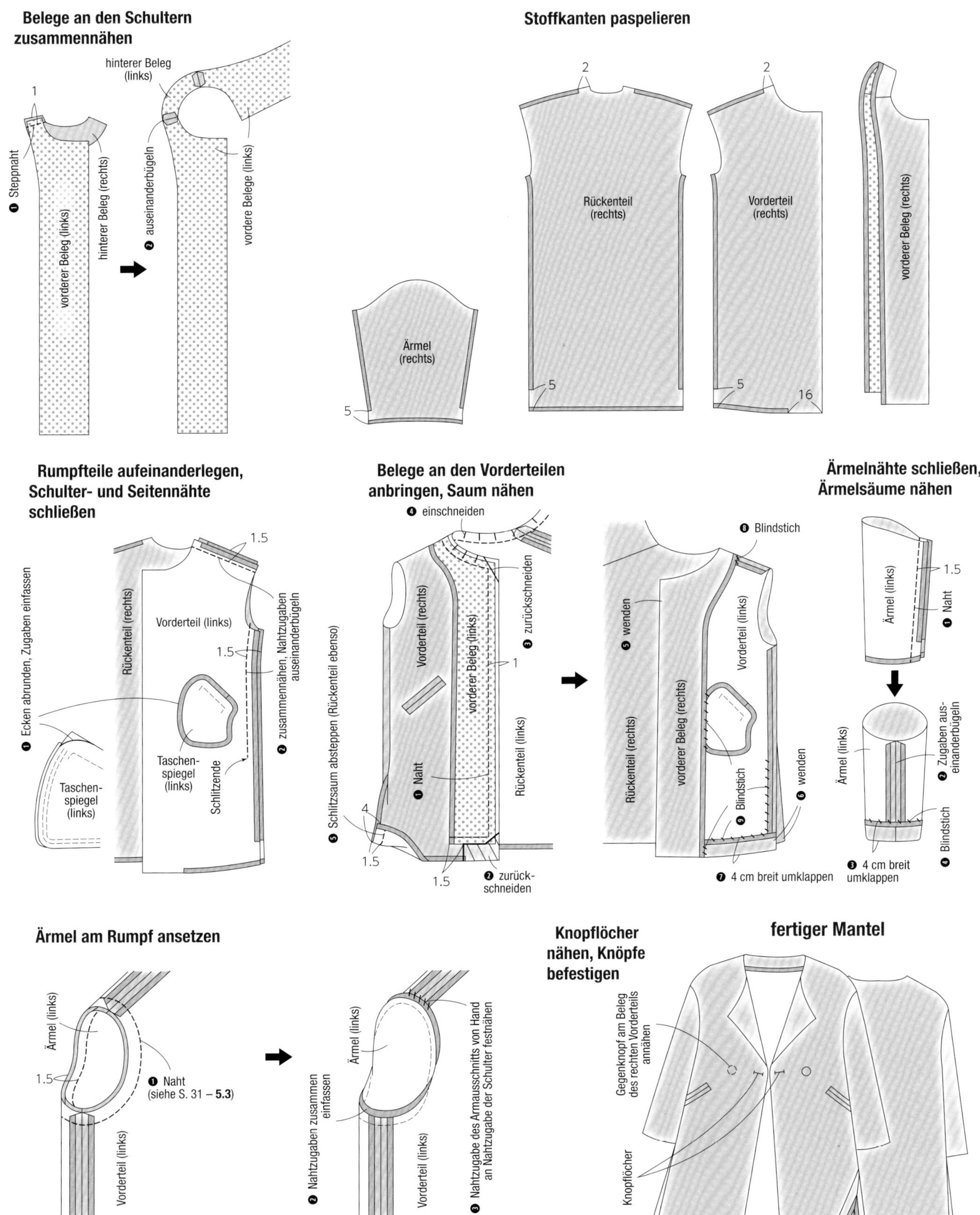

Belege an den Schultern zusammennähen
1
❶ Steppnaht
vorderer Beleg (links)
hinterer Beleg (rechts)
hinterer Beleg (links)
❷ auseinanderbügeln
vordere Belege (links)
Stoffkanten paspelieren
2
Rückenteil (rechts)
Vorderteil (rechts)
vorderer Beleg (rechts)
Ärmel (rechts)
5
16
Rumpfteile aufeinanderlegen, Schulter- und Seitennähte schließen
1.5
❶ Ecken abrunden, Zugaben einfassen
Rückenteil (rechts)
Vorderteil (links)
❷ zusammennähen, Nahtzugaben auseinanderbügeln
Taschen-spiegel (links)
Schlitzende
Belege an den Vorderteilen anbringen, Saum nähen
❹ einschneiden
❸ zurückschneiden
Vorderteil (rechts)
vorderer Beleg (links)
Rückenteil (links)
❶ Naht
❺ Schlitzsaum absteppen (Rückenteil ebenso)
4
❷ zurück-schneiden
❽ Blindstich
❺ wenden
Rückenteil (rechts)
vorderer Beleg (rechts)
Vorderteil (links)
❾ Blindstich
❻ wenden
❼ 4 cm breit umklappen
Ärmelnähte schließen, Ärmelsäume nähen
Ärmel (links)
❶ Naht
❷ Zugaben aus-einanderbügeln
❸ 4 cm breit umklappen
❹ Blindstich
Ärmel am Rumpf ansetzen
❶ Naht (siehe S. 31 – 5.3)
Vorderteil (links)
❷ Nahtzugaben zusammen einfassen
❸ Nahtzugabe des Armausschnitts von Hand an Nahtzugabe der Schulter festnähen
Knopflöcher nähen, Knöpfe befestigen
Gegenknopf am Beleg des rechten Vorderteils annähen
Knopflöcher
fertiger Mantel

A-4 Drop-Shoulder-Kurzmantel mit Kapuze

Schnittbogen A-Seite (A), B-Seite (Nahttasche)

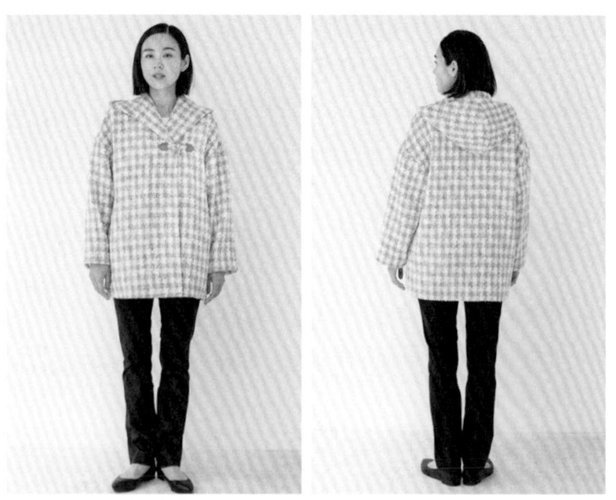

Abmessungen (in cm)

	S	M	L	XL	2XL	3XL
Brustumfang	104,5	112	116,5	121,5	127	133
halbe Schulterbreite	28,5	30	31,5	32,5	34	35,5
Länge	72,5	74,5	77	79	81	83
Ärmellänge	45,5	47	48	49,5	50,5	51,5

Materialien

<Stoff>

○ Fancy-Wolltweed: 145 cm breit,
S 2,40 m **M** 2,60 m **L** 2,70 m **XL** 2,80 m **2XL** 3,00 m **3XL** 3,20 m

○ Futterstoff: 122 cm breit,
S 1,60 m **M** 1,60 m **L** 1,90 m **XL** 2,00 m **2XL** 2,20 m **3XL** 2,30 m

<Zubehör>

○ Bügeleinlage: 90 cm breit, 3,50 m

○ Kantenband (9 mm breit)

○ 1 Knebelknopf mit Gegenstück

Zu beachten

○ Direkt nach dem Zuschnitt an den Vorderteilen die Markierungen für die Kapuze anbringen.

○ Der Knebelknopf kann auch durch einen normalen Knopf ersetzt oder ganz weggelassen werden.

Nähablauf

(Papierschnitt **A** abändern. Stoff nach Plan zuschneiden. Einlage von links auf den Oberstoff aufbügeln.)

<Rumpf nähen>

1 Kantenband auf Vorderteilen anbringen (Abb.)
2 Schulternähte an Rumpfteilen schließen (Abb.)
3 Kapuzenmittelnaht schließen, Kapuze an hinteren Halsausschnitt nähen (Abb.)
4 Seitennähte mit Nahttaschen nähen (S. 37)
5 Ärmel nähen, an den Rumpf ansetzen (S. 31 – **5**)

<Futterrumpf nähen>

6 Vordere Belege und Vorderteilfutter aufeinanderlegen und zusammennähen (S. 32 – **6.2**)
7 Schulter- und Seitennähte schließen (Abb.)
8 Futterkapuze hinten schließen, am hinteren Halsausschnitt annähen (Abb.)
9 Futterärmel nähen, in Futter einsetzen (S. 32 – **8**)

<Oberstoff- und Futterrumpf verbinden>

10 Vorderteile an Futter nähen (Abb. **1**)
11 Kapuze von innen an Futter heften (Abb. **11**)
12 Schulternahtzugaben von innen anheften (S. 34 – **12**)
13 Ärmelsäume nähen, Ärmel anheften (S. 32 – **13**)
14 Saum anheften und nähen (S. 34 – **14**)
15 Seitennähte von innen anheften (S. 34 – **15**)
16 Mantel wenden (S. 35 – **16**)

<Fertigstellen>

17 Saum fertigstellen (S. 35 – **17**)
18 Knebelknopf befestigen (Abb. **18**)

Änderungen Papierschnitt A

Kapuze **A**
Rückenteil **A**
Vorderteil **A**
Mittellinie Vorderteil
③ Tasche 16 cm
16
11
11
⑥ Nahtende
3
① um 10 cm kürzen
② um 10 cm kürzen
④ Vorderteil um 4 cm verbreitern
⑤ Kapuze **A** und Vorderteil **A** an der Hausausschnittnaht zu einem Papierschnittteil verbinden

Zuschneideplan

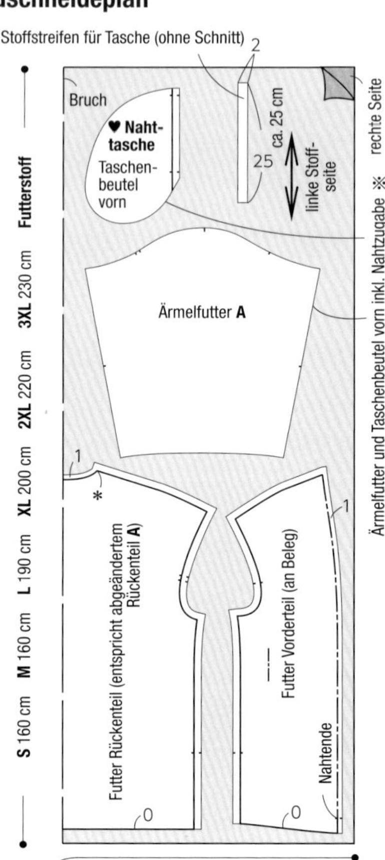

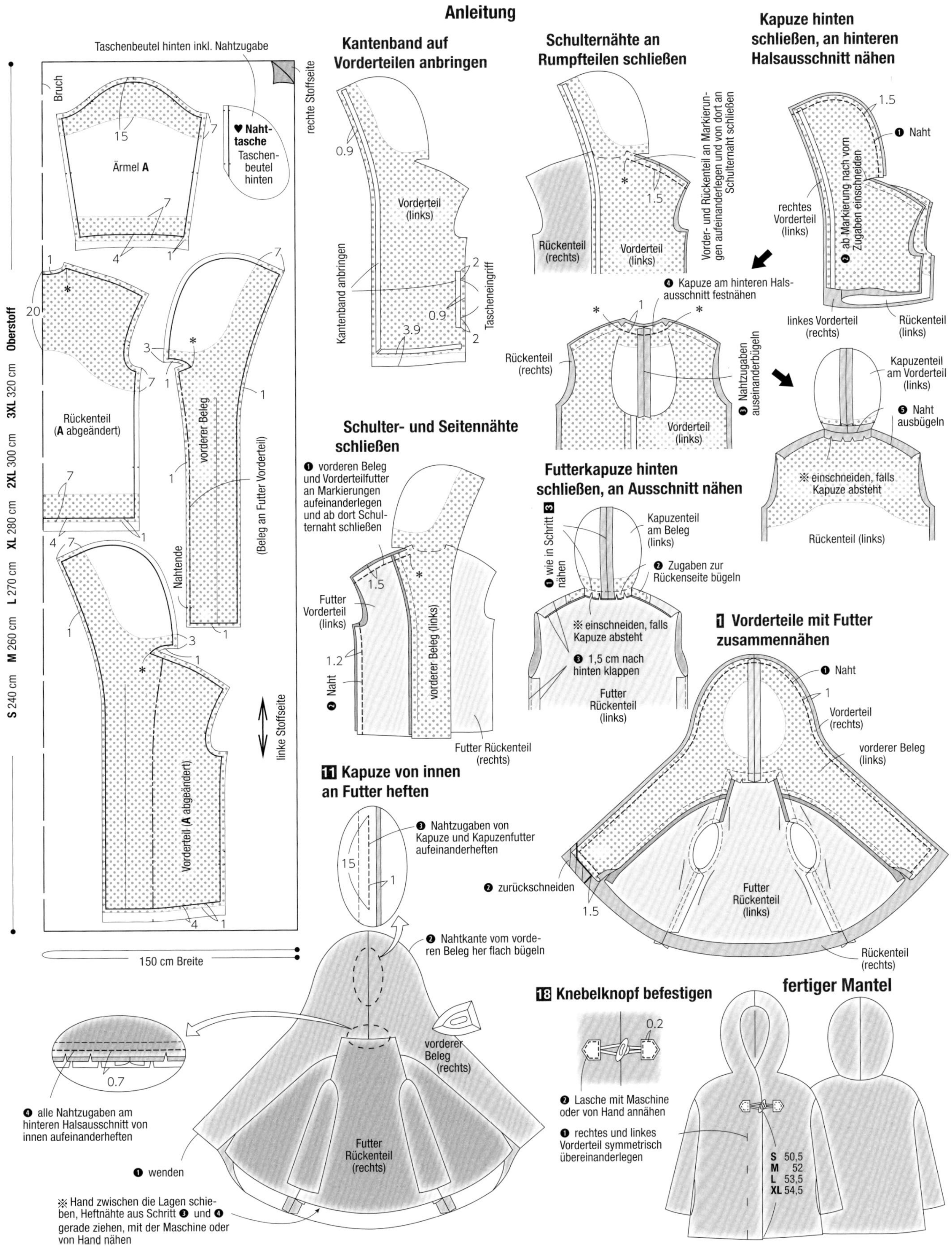

Anleitung
Taschenbeutel hinten inkl. Nahtzugabe
Bruch
rechte Stoffseite
Ärmel A
♥ Nahttasche
Taschenbeutel hinten
Rückenteil (A abgeändert)
vorderer Beleg
(Beleg an Futter Vorderteil)
Nahtende
Vorderteil (A abgeändert)
linke Stoffseite
S 240 cm M 260 cm L 270 cm XL 280 cm 2XL 300 cm 3XL 320 cm Oberstoff
150 cm Breite
Kantenband auf Vorderteilen anbringen
Vorderteil (links)
Kantenband anbringen
Tascheneingriff
Schulternähte an Rumpfteilen schließen
Rückenteil (rechts)
Vorderteil (links)
Vorder- und Rückenteil an Markierungen aufeinanderlegen und von dort an Schulternaht schließen
Kapuze hinten schließen, an hinteren Halsausschnitt nähen
❶ Naht
❷ ab Markierung nach vorn Zugaben einschneiden
rechtes Vorderteil (links)
linkes Vorderteil (rechts)
Rückenteil (links)
❹ Kapuze am hinteren Halsausschnitt festnähen
❸ Nahtzugaben auseinanderbügeln
Kapuzenteil am Vorderteil (links)
❺ Naht ausbügeln
※ einschneiden, falls Kapuze absteht
Rückenteil (links)
Schulter- und Seitennähte schließen
❶ vorderen Beleg und Vorderteilfutter an Markierungen aufeinanderlegen und ab dort Schulternaht schließen
Futter Vorderteil (links)
vorderer Beleg (links)
❷ Naht
Futter Rückenteil (rechts)
Futterkapuze hinten schließen, an Ausschnitt nähen
❶ wie in Schritt 3 nähen
Kapuzenteil am Beleg (links)
❷ Zugaben zur Rückenseite bügeln
※ einschneiden, falls Kapuze absteht
❸ 1,5 cm nach hinten klappen
Futter Rückenteil (links)
1 Vorderteile mit Futter zusammennähen
❶ Naht
Vorderteil (rechts)
vorderer Beleg (links)
❷ zurückschneiden
Futter Rückenteil (links)
Rückenteil (rechts)
11 Kapuze von innen an Futter heften
❸ Nahtzugaben von Kapuze und Kapuzenfutter aufeinanderheften
❷ Nahtkante vom vorderen Beleg her flach bügeln
vorderer Beleg (rechts)
❹ alle Nahtzugaben am hinteren Halsausschnitt von innen aufeinanderheften
Futter Rückenteil (rechts)
❶ wenden
※ Hand zwischen die Lagen schieben, Heftnähte aus Schritt ❸ und ❹ gerade ziehen, mit der Maschine oder von Hand nähen
18 Knebelknopf befestigen
❷ Lasche mit Maschine oder von Hand annähen
❶ rechtes und linkes Vorderteil symmetrisch übereinanderlegen
fertiger Mantel
S 50,5
M 52
L 53,5
XL 54,5

S. 10

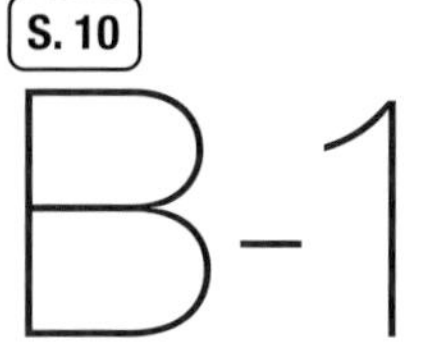

B-1 Mantel mit Raglanärmeln Grundschnitt

Schnittbogen B-Seite (B, Leistentasche)

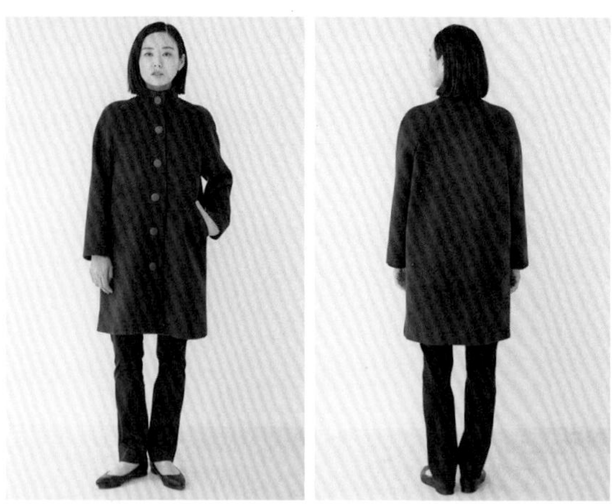

Abmessungen (in cm)

	S	M	L	XL	2XL	3XL
Brustumfang	96	102	107	111,5	115	120
halbe Schulterbreite	18,5	19,5	20,5	21,5	22,5	23,5
Länge	86	88	90,5	93	95	97
Ärmellänge	55	56,5	58	59,5	60,5	61,5

Materialien

<Stoff>

○ Tuchloden: 150 cm breit,
S 1,90 m **M** 1,90 m **L** 2,60 m **XL** 2,70 m **2XL** 2,80m **3XL** 2,90 m

○ Futterstoff: 122 cm breit,
S 1,60 m **M** 1,70 m **L** 2,00 m **XL** 2,20 m **2XL** 2,30 m **3XL** 2,40 m

<Zubehör>

○ Bügeleinlage: 90 cm breit, 2,70 m

○ Kantenband (9 mm breit)

○ 6 Knöpfe (27 mm Durchmesser)

Zu beachten

○ Zuerst die Knöpfe aussuchen, dann die paspelierten Knopflöcher passgenau dazu nähen.

Nähablauf

(Stoff nach Plan zuschneiden. Einlage von links auf den Oberstoff aufbügeln.)

<Rumpf nähen>

1 Leistentaschen in Vorderteile einarbeiten (S. 39)
2 Kantenband auf Vorderteilen anbringen (Abb.)
3 Paspelknopflöcher an Vorderteil und Kragen nähen (Abb.)
4 Seitennähte schließen, Saum umklappen (S. 31 – **3**)
5 Ärmel nähen (Abb.)
6 Ärmel an Rumpf ansetzen (Abb.)
7 Kragen an Rumpf ansetzen (Abb.)

<Futterrumpf nähen>

8 Vordere und hintere Belege verbinden (Abb.)
9 Futterrumpf nähen (Abb.)
10 Futterärmel nähen, an Futterrumpf ansetzen (Abb. **1**)
11 Futterrumpf und Belege verbinden (Abb. **11**)

<Oberstoff- und Futterrumpf verbinden>

12 Oberstoff- und Futterrumpf zusammennähen (Abb. **12**)
13 Schulternähte von innen anheften (S. 34 – **12**)
14 Ärmelsäume nähen und Ärmel anheften (S. 34 – **13**)
15 Saum anheften und nähen (S. 34 – **14**)
16 Seitennähte von innen anheften (S. 34 – **15**)
17 Mantel wenden (S. 35 – **16**)

<Fertigstellen>

18 Saum fertigstellen (S. 35 – **17**)
19 Knopflöcher von Hand fertigstellen, Knöpfe annähen (Abb. **19**)

Zuschneideplan

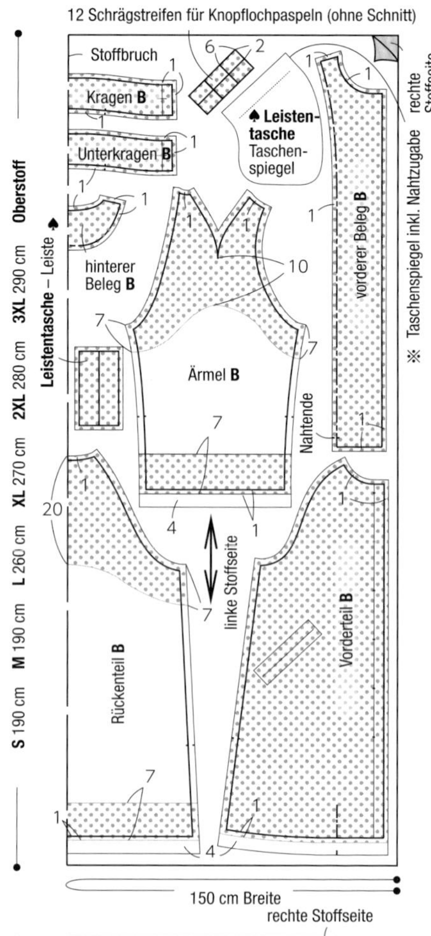

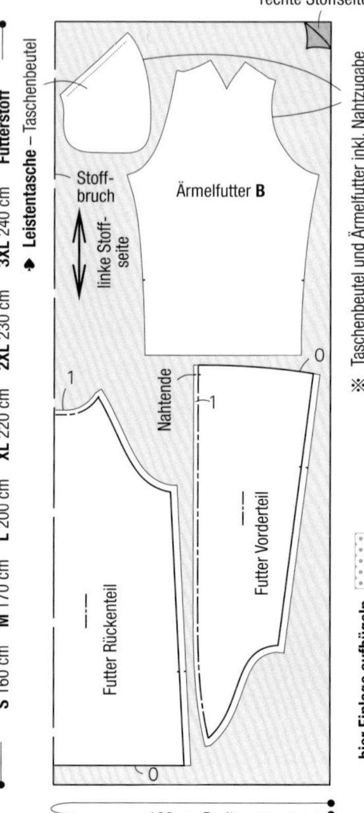

Anleitung

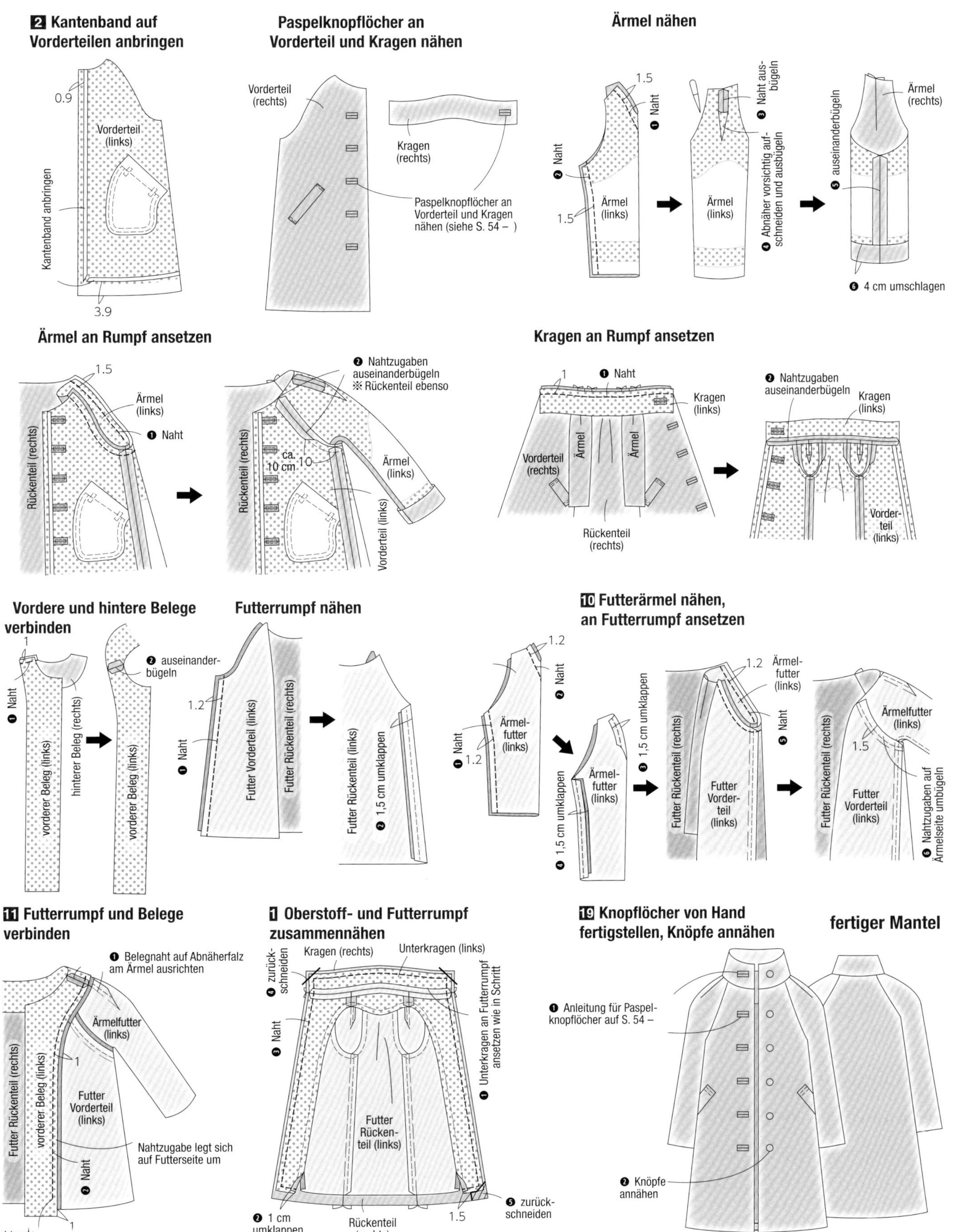

2 Kantenband auf Vorderteilen anbringen
0.9
Vorderteil (links)
Kantenband anbringen
3.9
Paspelknopflöcher an Vorderteil und Kragen nähen
Vorderteil (rechts)
Kragen (rechts)
Paspelknopflöcher an Vorderteil und Kragen nähen (siehe S. 54 –)
Ärmel nähen
1.5
❶ Naht
❷ Naht
1.5
Ärmel (links)
❸ Naht ausbügeln
❹ Abnäher vorsichtig aufschneiden und ausbügeln
Ärmel (links)
❺ auseinanderbügeln
Ärmel (rechts)
❻ 4 cm umschlagen
Ärmel an Rumpf ansetzen
1.5
Ärmel (links)
❶ Naht
Rückenteil (rechts)
❷ Nahtzugaben auseinanderbügeln
※ Rückenteil ebenso
ca. 10 cm
10
Ärmel (links)
Vorderteil (links)
Kragen an Rumpf ansetzen
1
❶ Naht
Kragen (links)
Vorderteil (rechts)
Ärmel
Ärmel
Rückenteil (rechts)
❷ Nahtzugaben auseinanderbügeln
Kragen (links)
Vorderteil (links)
Vordere und hintere Belege verbinden
1
❶ Naht
vorderer Beleg (links)
hinterer Beleg (rechts)
❷ auseinanderbügeln
vorderer Beleg (links)
Futterrumpf nähen
1.2
❶ Naht
Futter Vorderteil (links)
Futter Rückenteil (rechts)
Futter Rückenteil (links)
❷ 1,5 cm umklappen
10 Futterärmel nähen, an Futterrumpf ansetzen
1.2
❷ Naht
❶ Naht
1.2
Ärmelfutter (links)
Ärmelfutter (links)
❹ 1,5 cm umklappen
❸ 1,5 cm umklappen
1.2
Ärmelfutter (links)
Futter Rückenteil (rechts)
Futter Vorderteil (links)
❺ Naht
Futter Rückenteil (rechts)
Ärmelfutter (links)
1.5
Futter Vorderteil (links)
❻ Nahtzugaben auf Ärmelseite umbügeln
11 Futterrumpf und Belege verbinden
❶ Belegnaht auf Abnäherfalz am Ärmel ausrichten
Ärmelfutter (links)
1
Futter Rückenteil (rechts)
vorderer Beleg (links)
Futter Vorderteil (links)
Nahtzugabe legt sich auf Futterseite um
❷ Naht
Nahtende
1
1 Oberstoff- und Futterrumpf zusammennähen
Kragen (rechts)
Unterkragen (links)
❹ zurückschneiden
❸ Naht
❶ Unterkragen an Futterrumpf ansetzen wie in Schritt
Futter Rückenteil (links)
❷ 1 cm umklappen
Rückenteil (rechts)
1.5
❺ zurückschneiden
19 Knopflöcher von Hand fertigstellen, Knöpfe annähen
fertiger Mantel
❶ Anleitung für Paspelknopflöcher auf S. 54 –
❷ Knöpfe annähen

Anleitung: Paspelknopflöcher

Knopflochposition und Vorbereitung der Paspel

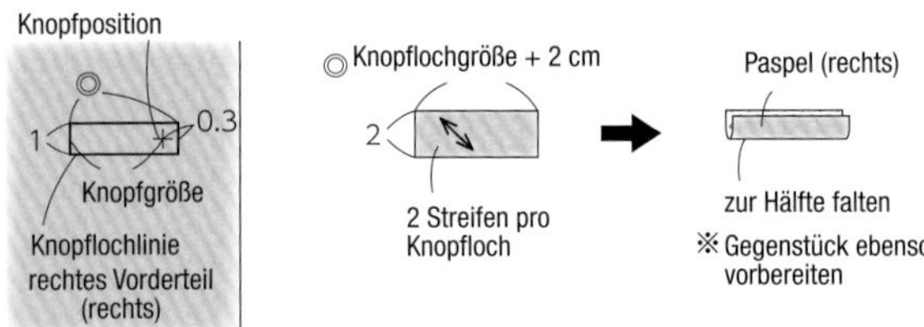

Knopfloch am Vorderteil anbringen

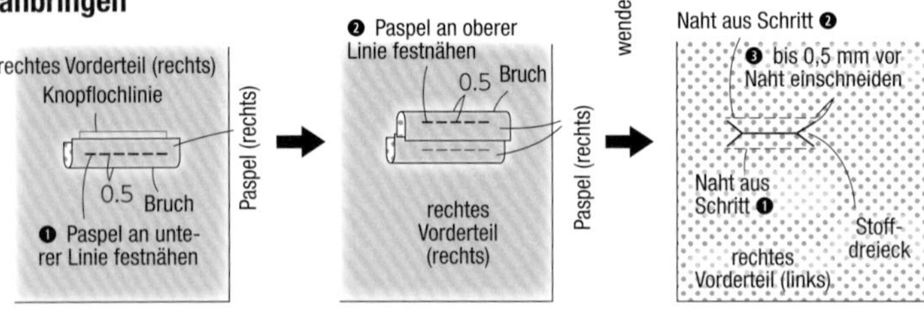

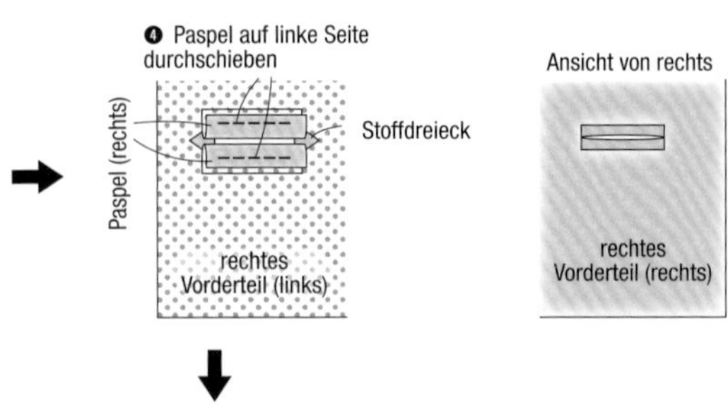

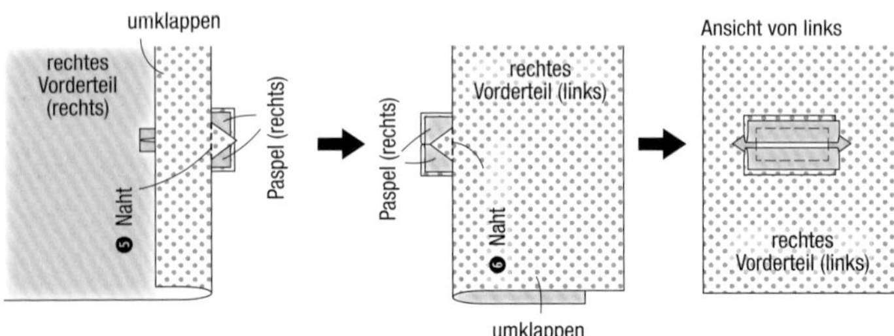

Mantel fertigstellen

Beleg am Knopfloch einschneiden und von Hand festnähen

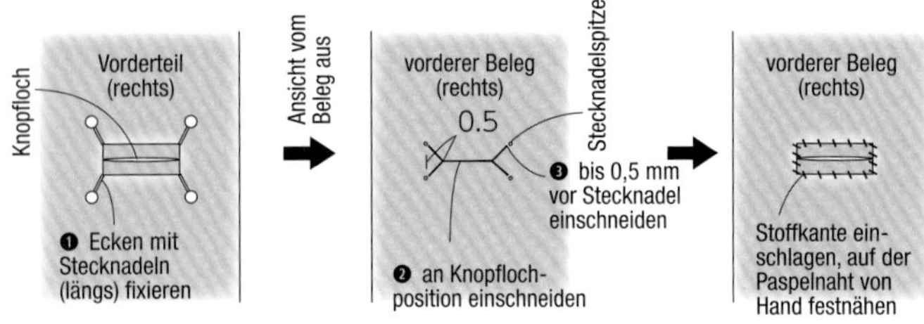

S. 12

Mantel mit Raglanärmeln und Rundkragen, ungefüttert

Schnittbogen B-Seite (B, Paspeltasche)

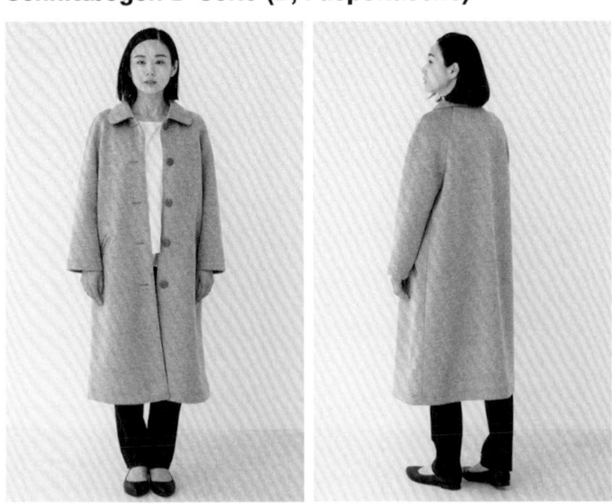

Abmessungen (in cm)

	S	M	L	XL	2XL	3XL
Brustumfang	96	102	107	111,5	115	120
halbe Schulterbreite	18,5	19,5	20,5	21,5	22,5	23,5
Länge	106	108	110,5	113	115	117
Ärmellänge	55	56,5	58	59,5	60,5	61,5

Materialien

<Stoff>

○ gebondeter Polyesterstrick: 130 cm breit,
S 2,70 m **M** 2,80 m **L** 2,90 m **XL** 3,00 m **2XL** 3,40 m **3XL** 3,60m

<Zubehör>

○ dünner Baumwollstoff (Taschenbeutel): 50 cm breit, 30 cm
○ Schrägband (zum Einfassen): 8 mm breit,
S 12,70 m **M** 13,00 m **L** 13,50 m **XL** 13,80 m **2XL** 14,20 cm **3XL** 14,60 m
○ 5 Knöpfe (27 mm Durchmesser)

Zu beachten

○ Der dicke Polyesterstrick erfordert keine Einlage. Bei anderen Mantelstoffen an Kragen, Belegen und Taschenposition Einlage aufbügeln.

Nähablauf

(Schnittteile **B** abändern. Stoff nach Plan zuschneiden.)

1 Paspeltaschen in Vorderteile einnähen (S. 38)
2 Vordere und hintere Belege verbinden (S. 53 – **8**)
3 Stoffkanten mit Schrägband einfassen (Abb.)
4 Seitennähte schließen, Saum und Ärmelausschnitte mit Schrägband einfassen (Abb.)
5 Ärmel nähen (Abb.)
6 Ärmel an Rumpf ansetzen (S. 53 – **6**)
7 Unterkragen an Rumpf nähen, Rundkragen an Belege nähen (Abb.)
8 Rumpf und Belege zusammennähen (S. 33 – **9**)
9 Halsausschnitt von innen anheften (S. 33 – **11**)
10 Saum, Vorderkanten und Kragenkante absteppen, Belege von Hand auf Nahtzugabe nähen (Abb. **1**)
11 Knopflöcher nähen, Knöpfe befestigen (S. 35 – **18**)

Änderungen Papierschnitt B

Anleitung

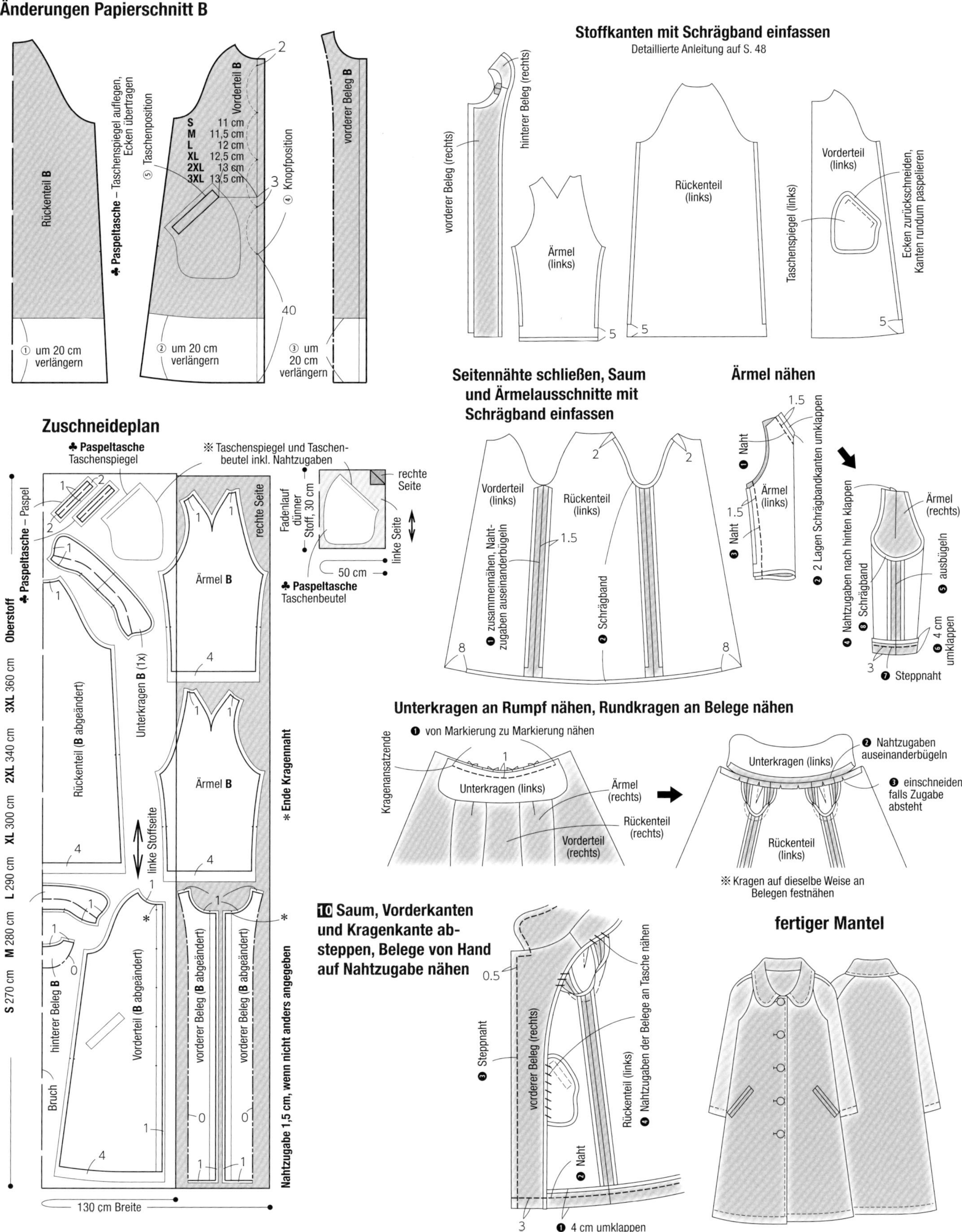

Kurzmantel mit Reverskragen

Schnittbogen A-Seite (C), B-Seite (Nahttasche)

Abmessungen (in cm)

	S	M	L	XL	2XL	3XL
Brustumfang	105	112	118	123	127	133
halbe Schulterbreite	28,5	30	31,5	33	34	35,5
Länge	67	69,5	71,5	74	75,5	78
Ärmellänge	45,5	47	48	49,5	50,5	51,5

Materialien

<Stoff>

○ Wolltweed mit Schlingenstruktur: 148 cm breit,
S 1,90 m **M** 1,90 m **L** 2,20 m **XL** 2,30 m **2XL** 2,40 m **3XL** 2,50 m

○ Futterstoff: 134 cm breit,
S 1,30 m **M** 1,40 m **L** 1,50 m **XL** 1,60 m **2XL** 1,90 m **3XL** 2,20 m

<Zubehör>

○ Bügeleinlage: 90 cm breit, 2,30 m

○ Kantenband (9 mm breit)

○ 1 Knopf (30 mm Durchmesser)

Zu beachten

○ Rumpf, Kragen und Ärmel nach der Anleitung auf S. 31–35 nähen, Kragenecken jedoch abrunden.

Nähablauf

(Papierschnitt **C** abändern. Stoff nach Plan zuschneiden. Einlage von links auf den Oberstoff aufbügeln.)

<Rumpf nähen>

1 Kantenband auf Vorderteilen anbringen (Abb.)
2 Nahttaschen fertigen, Seitennaht schließen (S. 37)
3 Rumpf nähen (S. 31 – **3**)
4 Unterkragen annähen (S. 31 – **4**)
5 Ärmel nähen und einsetzen (S. 31 – **5**)

<Futterrumpf nähen>

6 Futterrumpf nähen (S. 32 – **6**)
7 Kragen nähen (S. 32 – **7**)
8 Futterärmel nähen und einsetzen (S. 32 – **8**)

<Oberstoff- und Futterrumpf verbinden>

9 Oberstoff- und Futterrumpf zusammennähen (S. 33 – **9**)
10 Mantel wenden (S. 33 – **10**)
11 Halsausschnitt an Nahtzugaben von innen anheften (S. 33 – **11**)
12 Schulternahtzugaben von innen anheften (S. 34 – **12**)
13 Ärmelsäume nähen, Ärmel anheften (S. 34 – **13**)
14 Saum anheften und nähen (S. 34 – **14**)
15 Seitennahtzugaben von innen anheften (S. 34 – **15**)
16 Mantel wenden (S. 35 – **16**)

<Fertigstellen>

17 Mantel fertigstellen (S. 35 – **17**)
18 Knopfloch nähen, Knopf befestigen (S. 35 – **18**)

Änderungen Papierschnitt C

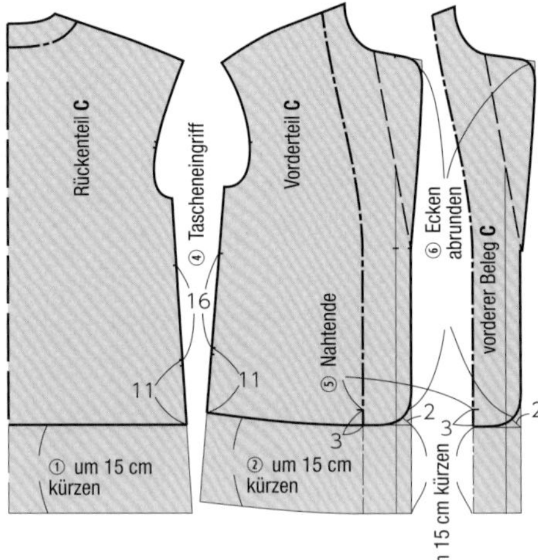

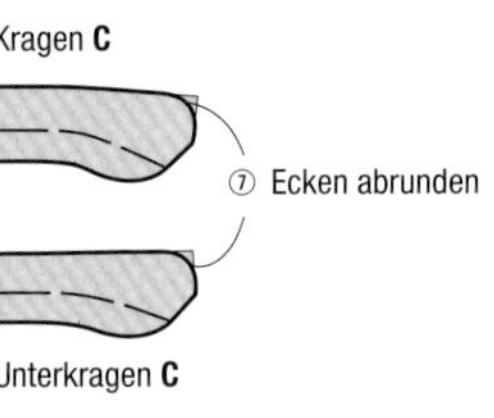

Anleitung

Kantenband auf Vorderteilen anbringen

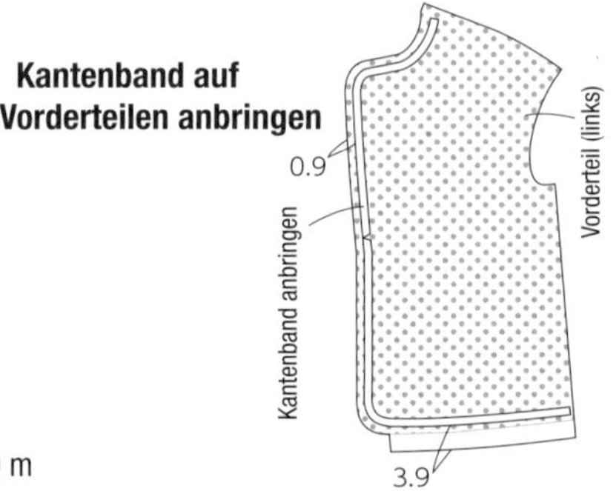

fertiger Mantel

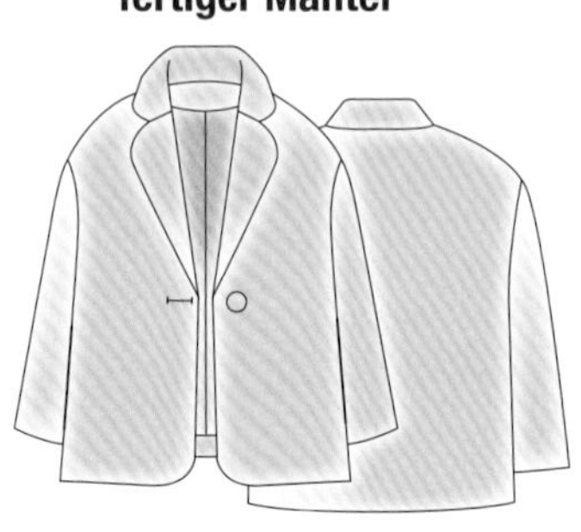

Zuschneideplan

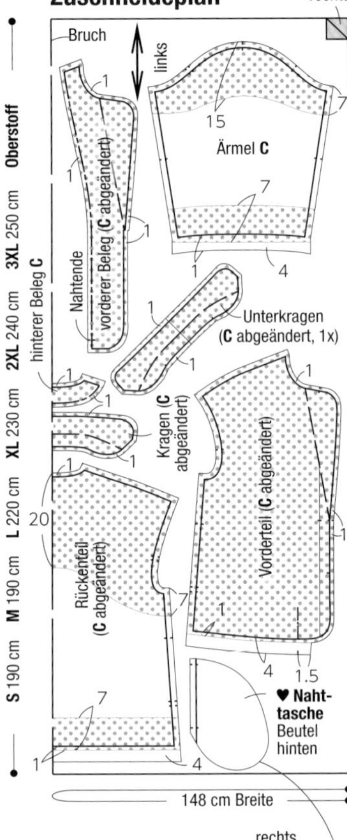

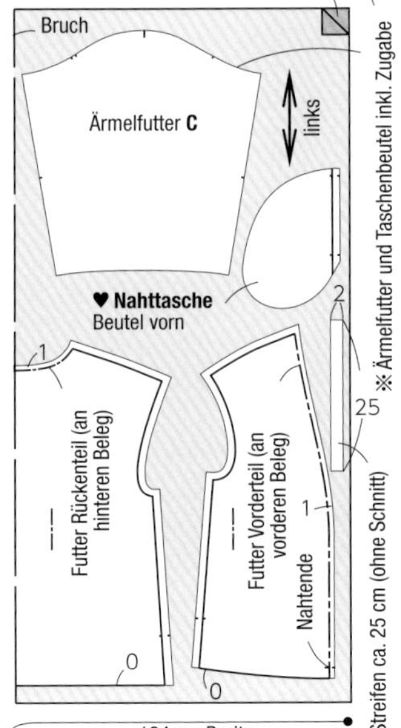

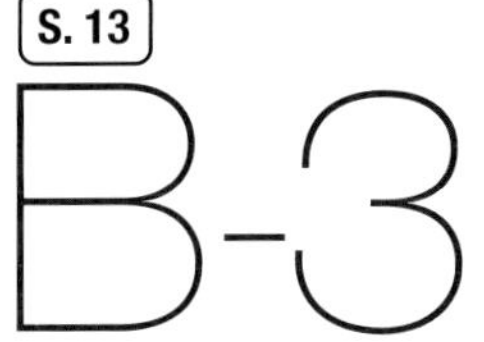

Langer Wendemantel mit Raglanärmeln

Schnittbogen B-Seite (B)

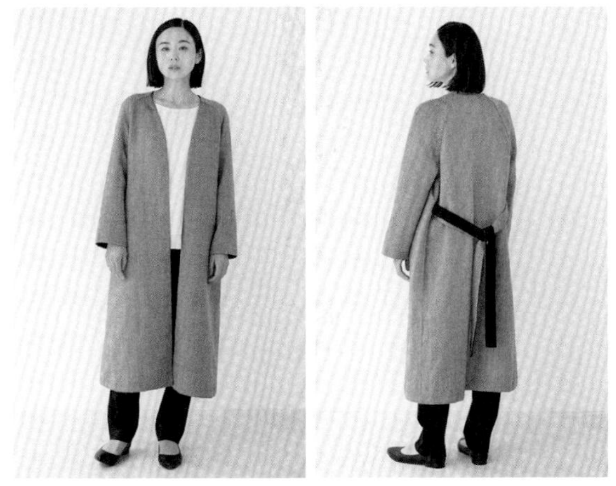

Änderungen Papierschnitt B

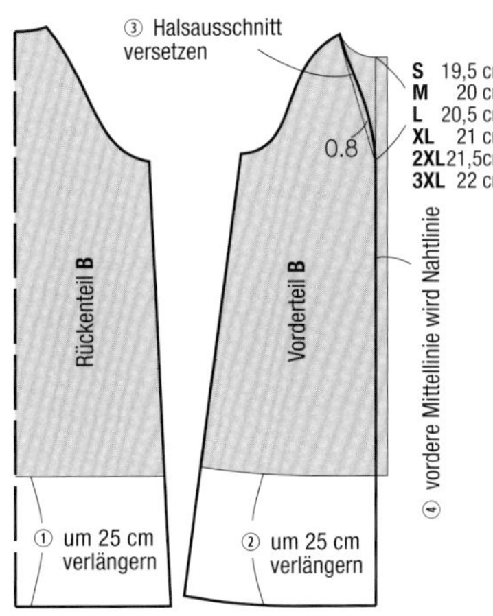

Zuschneideplan

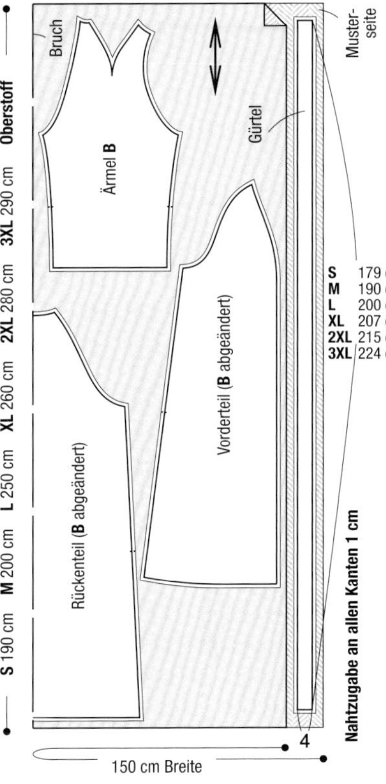

Materialien

<Stoff>

○ doppelseitiger Wollstoff (Doubleface): 150 cm breit,
S 1,90 m **M** 2,00 m **L** 2,50 m **XL** 2,60 m **2XL** 2,80 m **3XL** 2,90 m

<Zubehör>

○ Kantenband (9 mm breit)

Abmessungen (in cm)

	S	M	L	XL	2XL	3XL
Brustumfang	96	102	107	111,5	115	120
halbe Schulterbr.	18,5	19,5	20,5	21,5	22,5	23,5
Länge	111	113	115,5	118	120	122
Ärmellänge	55	56,5	58	59,5	60,5	61,5

Zu beachten

○ Anleitung für doppelseitigen Stoff (Doubleface).
○ Für dieses Modell eignet sich dünner Doubleface.

Nähablauf

(Papierschnitt **B** abändern. Stoff nach Plan zuschneiden.)

1. Stoffkanten der einzelnen Teile auftrennen (Abb.)
2. Ärmelabnäher nähen (Abb.)
3. Ärmelnähte schließen (Abb.)
4. Ärmelsäume nähen (Abb.)
5. Seitennähte schließen (Abb.)
6. Ärmel an Rumpf nähen (Abb.)
7. Halsausschnitt, Vorderkanten und Saum nähen (Abb.)
8. Gürtelschlaufen anfertigen (Abb.)
9. Gürtel nähen (Stoffkanten einschlagen wie bei der Tasche auf S. 63)

Anleitung

Stoffkanten der einzelnen Teile auftrennen

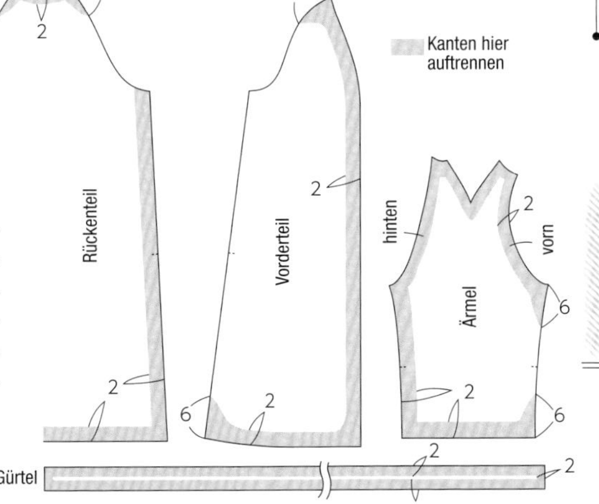

Auftrennen der Stoffkanten

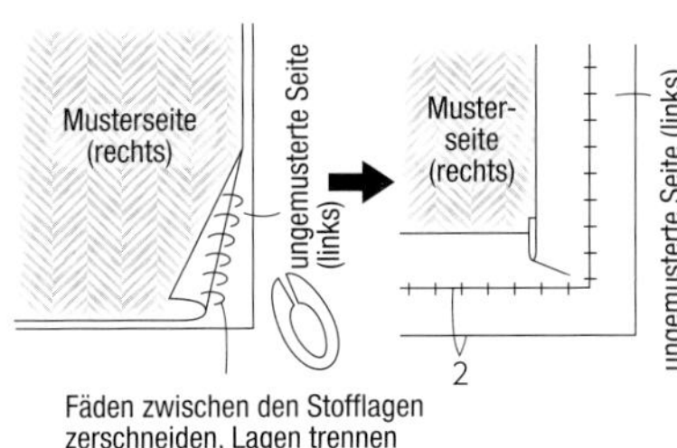

Ärmelabnäher nähen

Ärmelnähte schließen

Ärmelsäume nähen

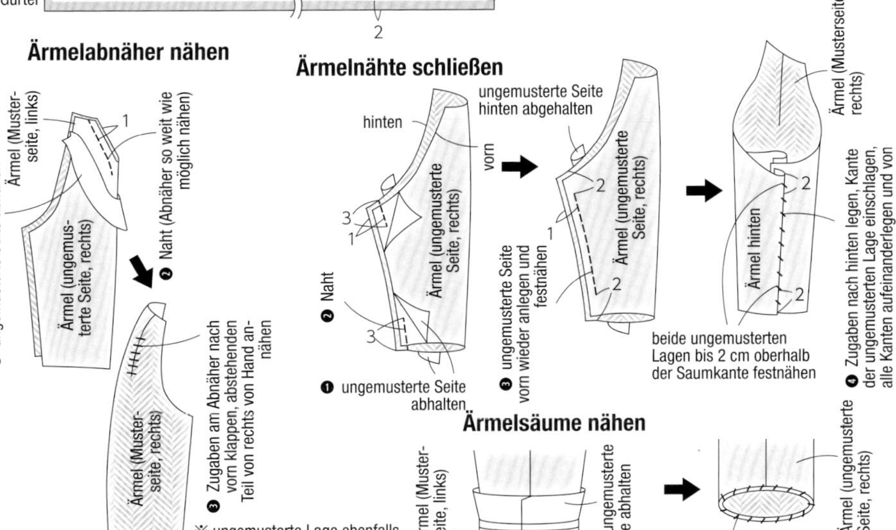

Seitennähte schließen

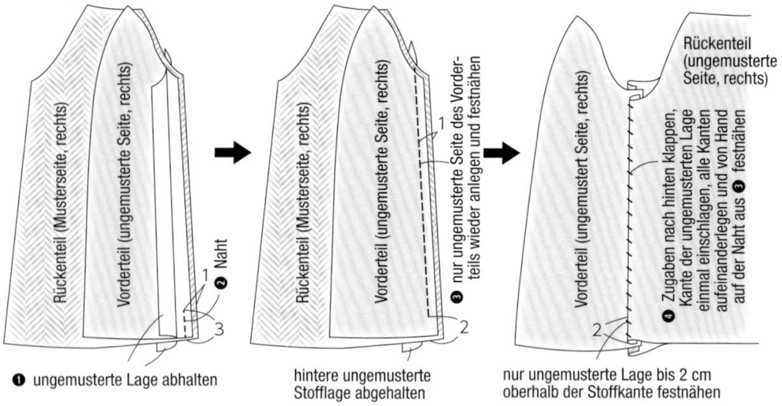

Rückenteil (Musterseite, rechts)
Vorderteil (ungemusterte Seite, rechts)
❷ Naht
❶ ungemusterte Lage abhalten

Rückenteil (Musterseite, rechts)
Vorderteil (ungemusterte Seite, rechts)
❸ nur ungemusterte Seite des Vorderteils wieder anlegen und festnähen
hintere ungemusterte Stofflage abgehalten

Rückenteil (ungemusterte Seite, rechts)
Vorderteil (ungemustert Seite, rechts)
❹ Zugaben nach hinten klappen, Kante der ungemusterten Lage einmal einschlagen, alle Kanten aufeinanderlegen und von Hand auf der Naht aus ❸ festnähen
nur ungemusterte Lage bis 2 cm oberhalb der Stoffkante festnähen

Ärmel an Rumpf nähen

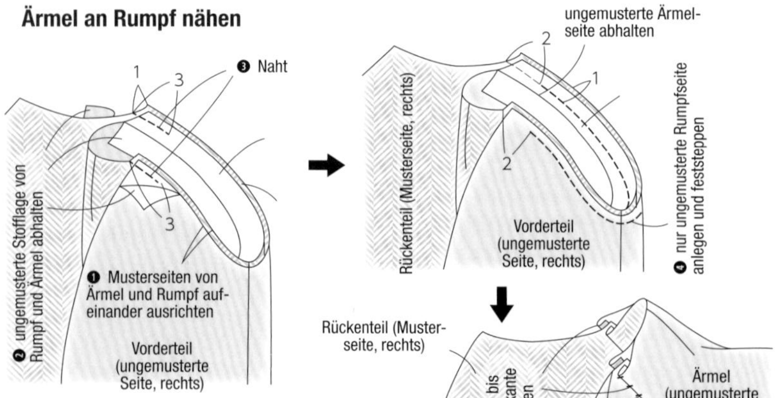

❸ Naht
❷ ungemusterte Stofflage von Rumpf und Ärmel abhalten
❶ Musterseiten von Ärmel und Rumpf aufeinander ausrichten
Vorderteil (ungemusterte Seite, rechts)

ungemusterte Ärmelseite abhalten
Rückenteil (Musterseite, rechts)
Vorderteil (ungemusterte Seite, rechts)
❹ nur ungemusterte Rumpfseite anlegen und feststeppen

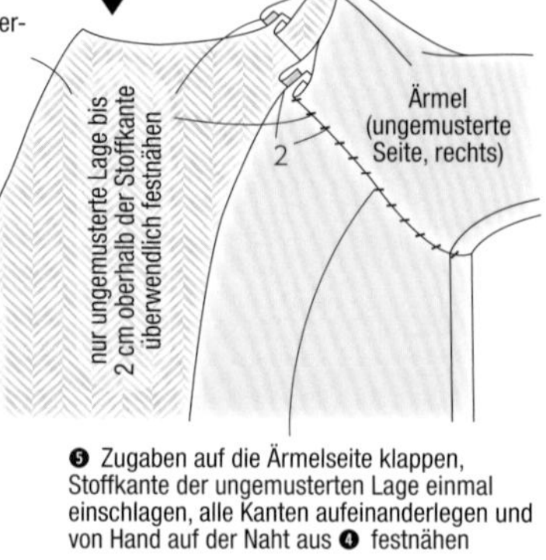

Rückenteil (Musterseite, rechts)
nur ungemusterte Lage bis 2 cm oberhalb der Stoffkante überwendlich festnähen
Ärmel (ungemusterte Seite, rechts)
❺ Zugaben auf die Ärmelseite klappen, Stoffkante der ungemusterten Lage einmal einschlagen, alle Kanten aufeinanderlegen und von Hand auf der Naht aus ❹ festnähen

Halsausschnitt, Vorderkanten und Saum nähen

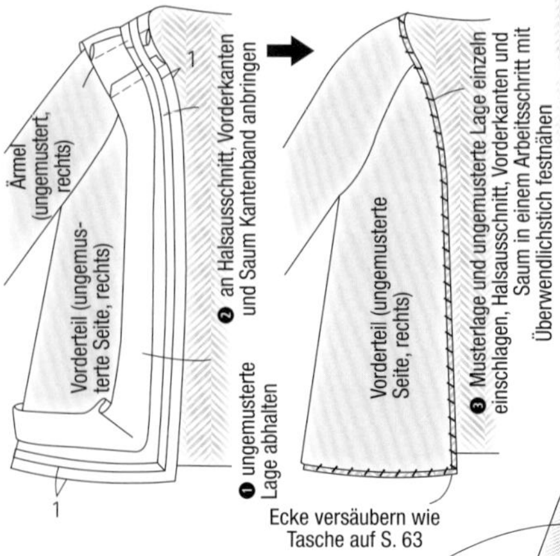

Ärmel (ungemustert, rechts)
Vorderteil (ungemusterte Seite, rechts)
❶ ungemusterte Lage abhalten
❷ an Halsausschnitt, Vorderkanten und Saum Kantenband anbringen

Vorderteil (ungemusterte Seite, rechts)
❸ Musterlage und ungemusterte Lage einzeln einschlagen, Halsausschnitt, Vorderkanten und Saum in einem Arbeitsschritt mit Überwendlichstich festnähen
Ecke versäubern wie Tasche auf S. 63

fertiger Mantel

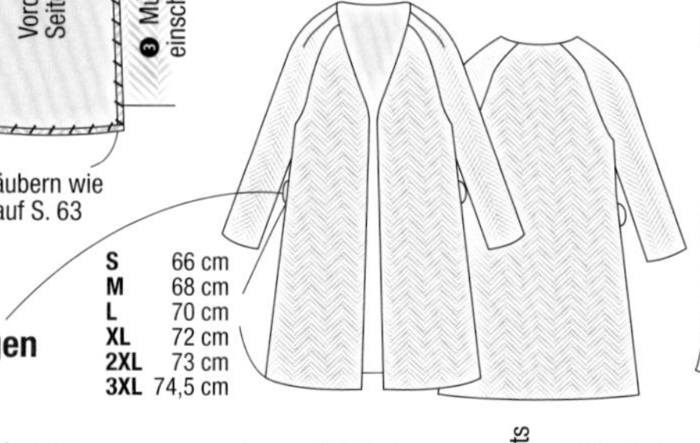

S 66 cm
M 68 cm
L 70 cm
XL 72 cm
2XL 73 cm
3XL 74,5 cm

Gürtel

Gürtelschlaufen anfertigen

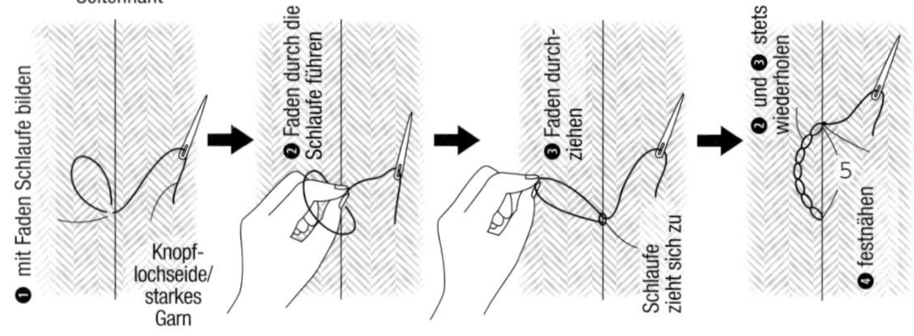

Seitennaht
❶ mit Faden Schlaufe bilden
Knopflochseide/starkes Garn
❷ Faden durch die Schlaufe führen
❸ Faden durchziehen
Schlaufe zieht sich zu
❷ und ❸ stets wiederholen
❹ festnähen

S. 16

C-2 Langmantel mit Reverskragen, ungefüttert

Schnittbogen A-Seite (C), B-Seite (Leistentasche)

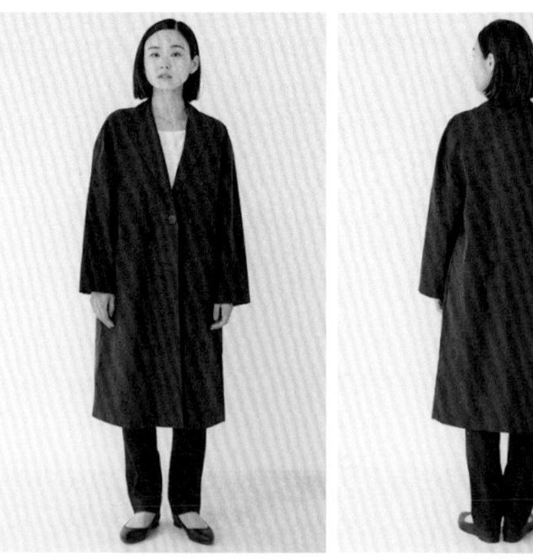

Abmessungen (in cm)

	S	M	L	XL	2XL	3XL
Brustumfang	105	112	118	123	127	133
halbe Schulterbreite	28,5	30	31,5	33	34	35,5
Länge	102	104,5	106,5	109	110,5	113
Ärmellänge	45,5	47	48	49,5	50,5	51,5

Materialien

<Stoff>

○ Baumwoll-Nylon-Duvetine („Pfirsichhaut"): 144 cm breit,
S 2,60 m **M** 2,70 m **L** 2,80 m **XL** 2,90 m **2XL** 3,10 m **3XL** 3,20 m

<Zubehör>

○ Bügeleinlage: 90 cm breit, 1,20 m
○ 1 Knopf (27 mm Durchmesser)

Zu beachten

○ Bei dünnem Stoff werden die Taschenbeutel aus Oberstoff gefertigt.
○ Dieser Stoff ist strapazierfähig und erfordert kein Kantenband.
○ Die Nahtzugaben mit Overlock- oder Zickzackstichen versäubern.

Nähablauf

(Papierschnitt **C** abändern. Stoff nach Plan zuschneiden. Einlage von links auf den Oberstoff aufbügeln.)

1 Leistentaschen in Vorderteile einarbeiten (S. 39)
2 Schulter- und Seitennähte schließen (Abb.)
3 Ärmel nähen und am Rumpf ansetzen (Abb.)
4 Unterkragen am Rumpf festnähen (S. 31 – **4**)
5 Belegteile zusammennähen (Abb.)
6 Kragen an Belege nähen (S. 32 – **7**)
7 Rumpf und Belege zusammennähen, Saum nähen (Abb.)
8 Zugaben an Halsausschnitt von innen anheften (S. 33 – **11**)
9 Kragen unter dem Kragenbruch festnähen (S. 35 – **17.2**)
10 Nahtzugaben der Belege feststeppen (Abb. **1**)
11 Knopfloch nähen, Knopf befestigen (S. 35 – **18**)

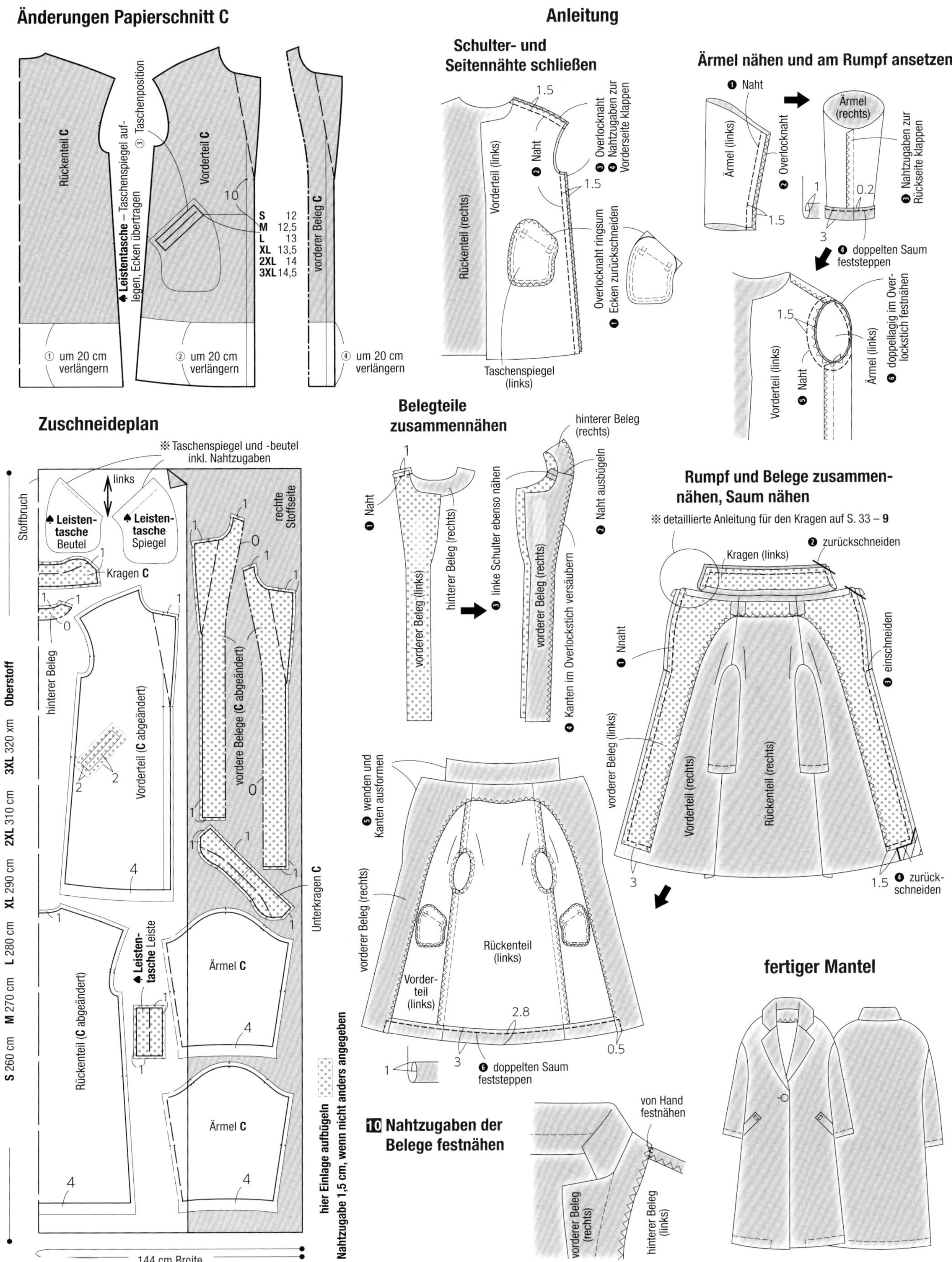

Änderungen Papierschnitt C
Rückenteil C
♠ Leistentasche – Taschenspiegel auflegen, Ecken übertragen
③ Taschenposition
Vorderteil C
10
S 12
M 12,5
L 13
XL 13,5
2XL 14
3XL 14,5
vorderer Beleg C
① um 20 cm verlängern
② um 20 cm verlängern
④ um 20 cm verlängern
Anleitung
Schulter- und Seitennähte schließen
1.5
Rückenteil (rechts)
Vorderteil (links)
❷ Naht
❸ Overlocknaht
❹ Nahtzugaben zur Vorderseite klappen
1.5
Overlocknaht ringsum
❶ Ecken zurückschneiden
Taschenspiegel (links)
Ärmel nähen und am Rumpf ansetzen
❶ Naht
Ärmel (links)
❷ Overlocknaht
1.5
Ärmel (rechts)
❸ Nahtzugaben zur Rückseite klappen
1
0.2
3
❹ doppelten Saum feststeppen
1.5
Vorderteil (links)
❺ Naht
Ärmel (links)
❻ doppellagig im Overlockstich festnähen
Zuschneideplan
※ Taschenspiegel und -beutel inkl. Nahtzugaben
links
Stoffbruch
♠ Leistentasche Beutel
♠ Leistentasche Spiegel
Kragen C
rechte Stoffseite
hinterer Beleg
Vorderteil (C abgeändert)
vordere Belege (C abgeändert)
Unterkragen C
Rückenteil (C abgeändert)
♠ Leistentasche Leiste
Ärmel C
Ärmel C
S 260 cm M 270 cm L 280 cm XL 290 cm 2XL 310 cm 3XL 320 xm Oberstoff
144 cm Breite
hier Einlage aufbügeln
Nahtzugabe 1,5 cm, wenn nicht anders angegeben
Belegteile zusammennähen
1
❶ Naht
vorderer Beleg (links)
hinterer Beleg (rechts)
❸ linke Schulter ebenso nähen
hinterer Beleg (rechts)
vorderer Beleg (rechts)
❷ Naht ausbügeln
❹ Kanten im Overlockstich versäubern
Rumpf und Belege zusammennähen, Saum nähen
※ detaillierte Anleitung für den Kragen auf S. 33 – 9
Kragen (links)
❷ zurückschneiden
❶ Naht
vorderer Beleg (links)
Vorderteil (rechts)
Rückenteil (rechts)
❸ einschneiden
3
1.5
❹ zurückschneiden
❺ wenden und Kanten ausformen
vorderer Beleg (rechts)
Vorderteil (links)
Rückenteil (links)
2.8
0.5
1
3
❻ doppelten Saum feststeppen
10 Nahtzugaben der Belege festnähen
von Hand festnähen
vorderer Beleg (rechts)
hinterer Beleg (links)
fertiger Mantel

S. 22

Trenchcoat mit hoher Armkugel

Schnittbogen C-Seite (D), B-Seite (Leistentasche)

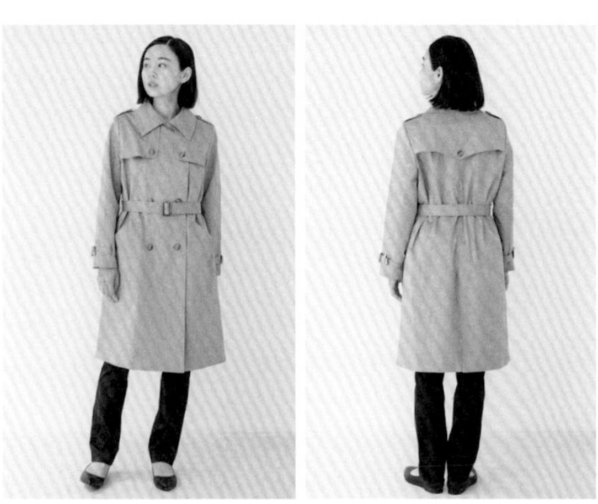

Änderungen Papierschnitt D

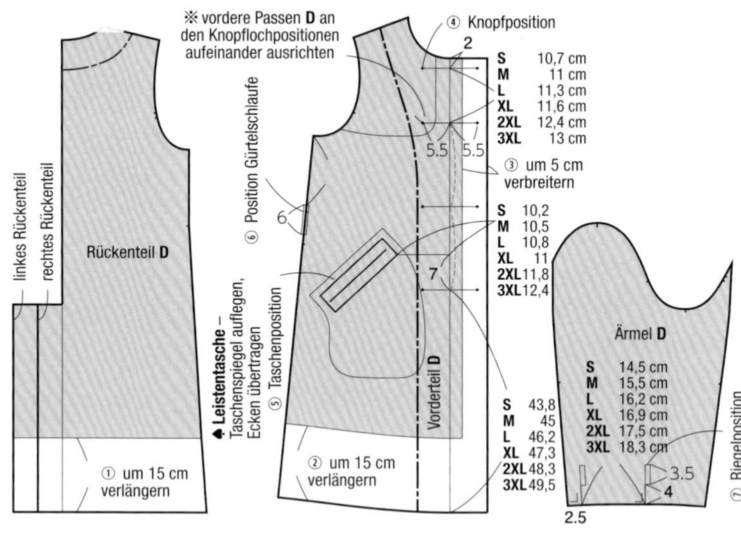

Abmessungen (in cm)

	S	M	L	XL	2XL	3XL
Brustumfang	99,5	105	111	115	119	124
halbe Schulterbreite	18,5	19,5	20,5	21	22	23
Länge	96	98	100	102,5	104,5	106,5
Ärmellänge	56	57,5	59	60,5	61,5	62,5

Materialien

<Stoff>

○ Baumwollstretch: 124 cm breit,
S 3,30 m **M** 3,40 m **L** 3,70 m **XL** 3,90 m **2XL** 4,0 m **3XL** 4,10 m

○ Futterstoff: 137 cm breit,
S 1,90 m **M** 1,90 m **L** 2,10 m **XL** 2,20 m **2XL** 2,50 m **3XL** 2,70 m

<Zubehör>

○ Bügeleinlage: 90 cm breit, 3,40 m
○ Kantenband (9 mm breit)
○ 1 Schnalle (40 mm Innendurchmesser),
2 Schnallen (25 mm Innendurchmesser)
○ 9 Paar Ösenringe (Innendurchmesser 4 mm)
○ 8 Knöpfe (22 mm Durchmesser),
2 Knöpfe (20 mm Durchmesser)
○ 1 Gegenknopf (20 mm Durchmesser)

Zu beachten

○ Für den rückwärtigen Schlitz werden rechtes und linkes Rückenteil unterschiedlich zugeschnitten.
○ Der Kragen wird nach Fertigstellung zwischen Rumpf und Belegen festgenäht.

Nähablauf

(Papierschnitt **D** abändern. Stoff nach Plan zuschneiden. Einlage von links auf Oberstoff aufbügeln.)

<Rumpf nähen>

1 Kantenband auf Vorderteilen anbringen (Abb.)
2 Leistentaschen in Vorderteile einarbeiten (S. 39)
3 Kragen, Schulterklappen und Passe nähen (Abb.)
4 Hintere Mittelnaht schließen, Schlitz nähen (Abb.)
5 Schulter- und Seitennähte schließen (S. 31 – **3**)
6 Passe und Schulterklappen an Rumpf nähen (Abb.)
7 Gürtelschlaufen und Riegel fertigen, annähen (Abb.)
8 Ärmel nähen und einsetzen (S. 65 – **5**)

<Futterrumpf nähen>

9 Mittelnaht des Rückenfutters schließen (S. 65 – **6**)
10 Futterrumpf nähen (S. 32 – **6**)
11 Futterärmel nähen und einsetzen (S. 65 – **8**)

<Oberstoff- und Futterrumpf verbinden>

12 Kragen an Rumpf nähen, Rumpf und Futterrumpf zusammennähen (Abb. **12**)
13 Schulternähte von innen anheften (S. 34 – **12**)
14 Ärmelsäume nähen, Ärmel anheften (S. 34 – **13**)
15 Saum anheften und nähen (S. 34 – **14**)
16 Seitennähte von innen anheften (S. 34 – **15**)
17 Mantel wenden (S. 35 – **16**)

<Fertigstellen>

18 Saum fertigstellen (S. 35 – **17**)
19 Schlitz von Hand fertigstellen (S. 65 – **17**)
20 Knopflöcher nähen, Knöpfe befestigen (Abb. **2**)
21 Gürtel und Ärmellaschen nähen (Abb. **21**)

Zuschneideplan Rückenfutter

hintere Mitte
linkes Rückenfutter (links)
rechtes Rückenfutter (links)
Nahtende

Zuschneideplan

rechte Stoffseite
※ Ärmelfutter inkl. Nahtzugaben
linke Stoffseite
Stoffbruch
Futterstoff
S 190 cm M 190 cm L 210 cm XL 220 cm 2XL 250 cm 3XL 270 cm
Ärmelfutter D
1
Futter hintere Passe D
0.8
1
2
Futter Vorderteil (an vorderen Beleg)
Nahtende
0
0.8
1
Futter vordere Passe D
♠ Leistentasche Beutel
Taschenbeutel inkl. Nahtzugabe
Nahtende
1
links
rechts
Futter Rückenteil (an hinteren Beleg)
0
137 cm Breite

Nahtzugabe 1,5 cm, wenn nicht anders angegeben

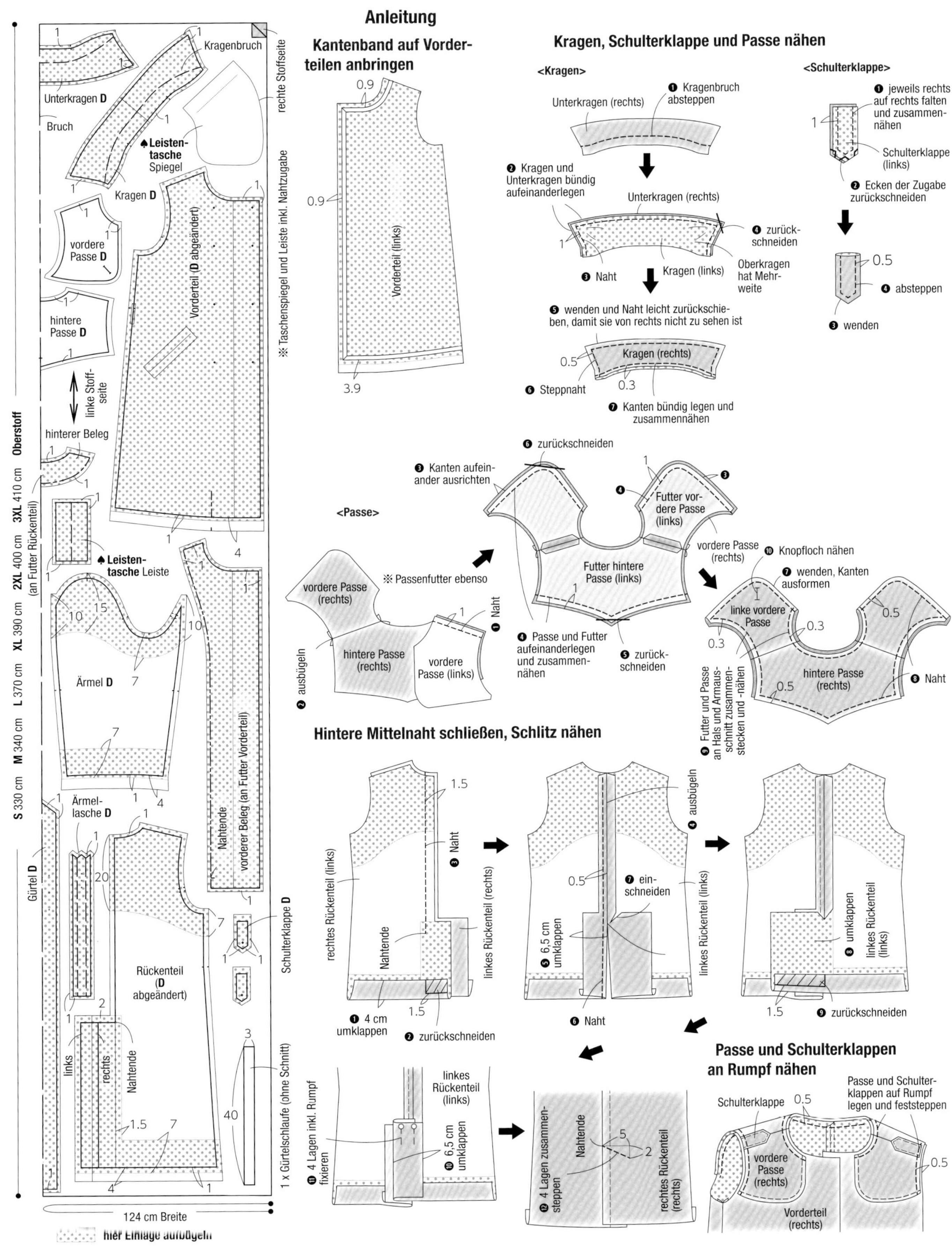
Anleitung
Kantenband auf Vorderteilen anbringen
Vorderteil (links)
Kragen, Schulterklappe und Passe nähen
<Kragen>
Unterkragen (rechts)
❶ Kragenbruch absteppen
❷ Kragen und Unterkragen bündig aufeinanderlegen
Unterkragen (rechts)
❸ Naht
Kragen (links)
❹ zurückschneiden
Oberkragen hat Mehrweite
❺ wenden und Naht leicht zurückschieben, damit sie von rechts nicht zu sehen ist
Kragen (rechts)
❻ Steppnaht
❼ Kanten bündig legen und zusammennähen
<Schulterklappe>
❶ jeweils rechts auf rechts falten und zusammennähen
Schulterklappe (links)
❷ Ecken der Zugabe zurückschneiden
❹ absteppen
❸ wenden
<Passe>
vordere Passe (rechts)
※ Passenfutter ebenso
hintere Passe (rechts)
vordere Passe (links)
❶ Naht
❷ ausbügeln
❸ Kanten aufeinander ausrichten
❻ zurückschneiden
Futter vordere Passe (links)
Futter hintere Passe (links)
vordere Passe (rechts)
❹ Passe und Futter aufeinanderlegen und zusammennähen
❺ zurückschneiden
❿ Knopfloch nähen
❼ wenden, Kanten ausformen
linke vordere Passe
hintere Passe (rechts)
❽ Naht
❾ Futter und Passe an Hals und Armausschnitt zusammenstecken und -nähen
Hintere Mittelnaht schließen, Schlitz nähen
rechtes Rückenteil (links)
Nahtende
❸ Naht
linkes Rückenteil (rechts)
❶ 4 cm umklappen
❷ zurückschneiden
❹ ausbügeln
❼ einschneiden
❺ 6,5 cm umklappen
linkes Rückenteil (links)
❻ Naht
❽ umklappen
linkes Rückenteil (links)
❾ zurückschneiden
⓫ 4 Lagen inkl. Rumpf fixieren
linkes Rückenteil (links)
❿ 6,5 cm umklappen
⓬ 4 Lagen zusammensteppen
Nahtende
rechtes Rückenteil (rechts)
Passe und Schulterklappen an Rumpf nähen
Schulterklappe
Passe und Schulterklappen auf Rumpf legen und feststeppen
vordere Passe (rechts)
Vorderteil (rechts)
Kragenbruch
Unterkragen D
Bruch
♠ Leistentasche Spiegel
Kragen D
vordere Passe D
hintere Passe D
linke Stoffseite
hinterer Beleg
Vorderteil (D abgeändert)
♠ Leistentasche Leiste
Ärmel D
Nahtende
vorderer Beleg (an Futter Vorderteil)
Ärmellasche D
Gürtel D
Rückenteil (D abgeändert)
links
rechts
Nahtende
Schulterklappe D
1 x Gürtelschlaufe (ohne Schnitt)
rechte Stoffseite
※ Taschenspiegel und Leiste inkl. Nahtzugabe
Oberstoff
S 330 cm M 340 cm L 370 cm XL 390 cm 2XL 400 cm 3XL 410 cm
(an Futter Rückenteil)
124 cm Breite
hier Einlage aufbügeln

7 Schlaufen für Gürtel und Ärmellaschen nähen

❶ 1 cm umklappen
❷ Steppnaht
❸ 1 cm umklappen
❹ Steppnaht
❺ zurückschneiden
❽ Overlocknaht
Gürtelschlaufe (links)
Gürtelschlaufe (rechts)
0.3
0.3
8
8
5.5
5.5
5.5
5.5
für Rumpf
für Ärmel

Befestigen der Gürtelschlaufen und Ärmellaschen

Oberkante Gürtelschlaufenposition
Unterkante Gürtelschlaufenposition
❶ Naht
❷ umklappen
❸ Steppnaht
❹ umklappen
❺ Steppnaht
❻ umklappen
❼ Steppnaht
0.5
0.5
0.5
0.5
Seitennaht
Ärmel (rechts)
Vorderteil (rechts)

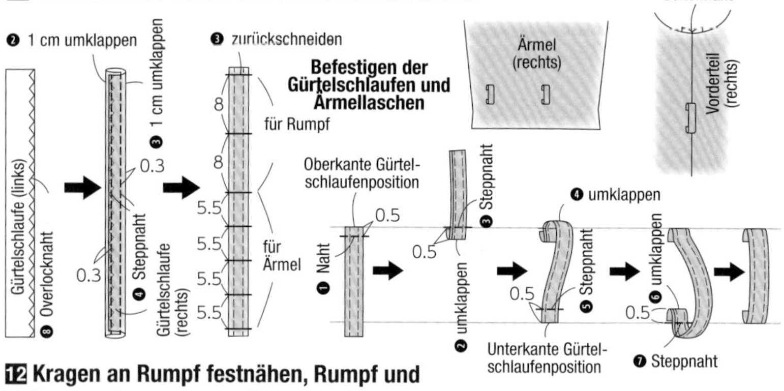

12 Kragen an Rumpf festnähen, Rumpf und Futterrumpf zusammennähen

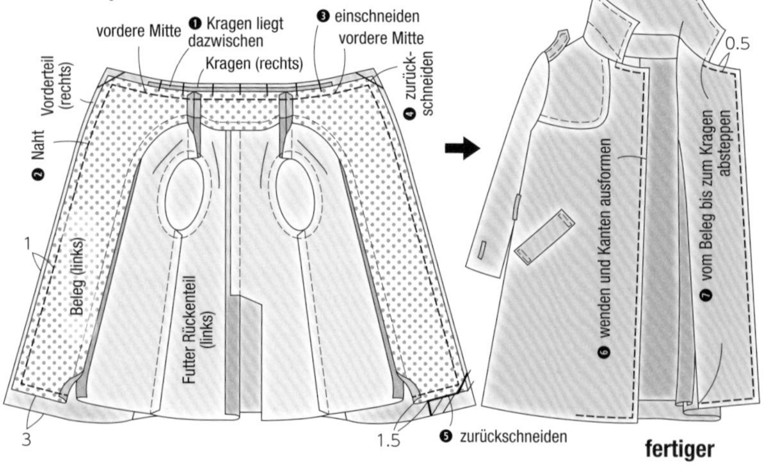

vordere Mitte
❶ Kragen liegt dazwischen
Kragen (rechts)
❷ Naht
❸ einschneiden
vordere Mitte
❹ zurückschneiden
❺ zurückschneiden
Vorderteil (rechts)
Beleg (links)
Futter Rückenteil (links)
1
3
1.5
0.5
❻ wenden und Kanten ausformen
❼ vom Beleg bis zum Kragen absteppen

fertiger Mantel

20 Knopflöcher nähen, Knöpfe anbringen

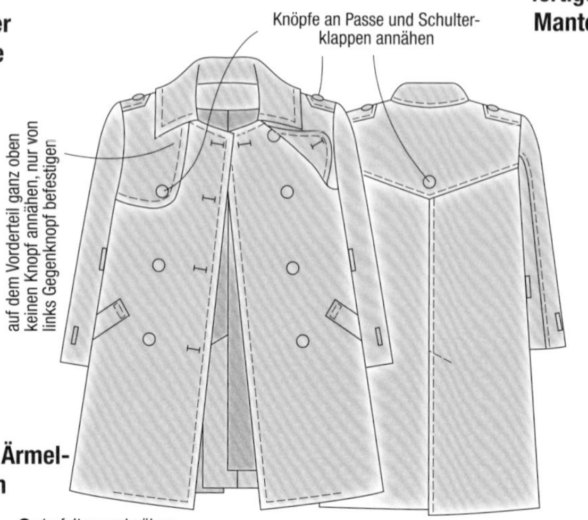

Knöpfe an Passe und Schulterklappen annähen
auf dem Vorderteil ganz oben keinen Knopf annähen, nur von links Gegenknopf befestigen

21 Gürtel und Ärmellaschen nähen

<Ärmellasche>

1
❶ 1x falten und nähen
Ärmellasche (links)
❷ ausbügeln
❸ Steppnaht
❹ Zugaben an der Spitze zu einer Seite klappen
❺ mittels Stäbchen o. Ä. wenden
1
1.5
❻ Steppnaht
Ärmellasche (rechts)
❼ Ösenringe einsetzen
4
❽ Löcher ausstanzen
❾ Dorn durch Loch führen
❿ 1 cm umklappen
⓫ Naht
Unterseite Lasche

<Gürtel>

❶ 1x falten und nähen
Gürtel (links)
❷ zurückschneiden
❸ Zugaben zu einer Seite klappen
❹ wenden und absteppen
❺ Ösenringe einsetzen
❻ Löcher ausstanzen
Gürtel (rechts)
5
0.5
❼ Dorn durch Loch führen
❽ 1 cm umklappen
❾ Naht
Unterseite Gürtel

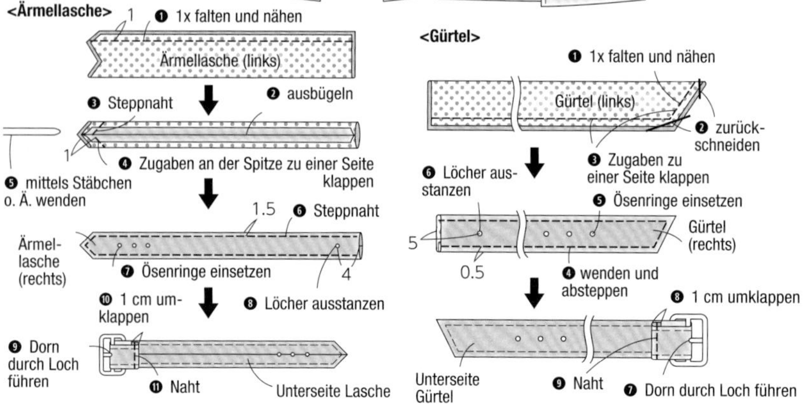

S. 18

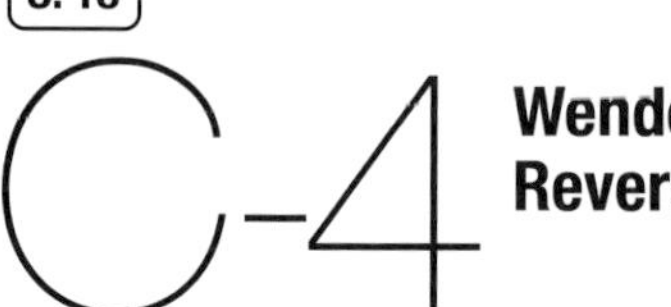

C-4 Wendemantel mit Reverskragen

Schnittbogen A-Seite (C), B-Seite (Klappentasche)

Abmessungen (in cm)

	S	M	L	XL	2XL	3XL
Brustumfang	105	112	118	123	127	133
halbe Schulterbreite	28,5	30	31,5	33	34	35,5
Länge	82	84,5	86,5	89	90,5	93
Ärmellänge	45,5	47	48	49,5	50,5	51,5

Materialien

<Stoff>

○ doppelseitiger Wollstoff (Doubleface): 148 cm breit,
S 1,50 m **M** 1,50 m **L** 1,90 m **XL** 2,00 m
2XL 2,20 m **3XL** 2,30 m

<Zubehör>

○ 1 Knopf (25 mm Durchmesser)

Zu beachten

○ Anleitung für doppelseitigen Stoff
○ Für dieses Modell wird dicker doppelseitiger Stoff empfohlen.

Nähablauf

(Stoff nach Plan zuschneiden.)

1 Stoffkanten der einzelnen Teile auftrennen (Abb.)
2 Klappentaschen nähen (Abb.)
3 Klappentaschen aufsetzen (S. 47 – **5**)
4 Vorderteile und Rückenteil an den Schultern verbinden (Abb.)
5 Ärmel ansetzen (Abb.)
6 Ärmel- und Seitennaht in einem Arbeitsgang schließen (Abb.)
7 Ärmelsäume nähen (S. 57 – **4**)
8 Kragen ansetzen; Kanten an Kragen, vorderer Mitte und Saum von Hand nähen (Abb.)
9 Knopfloch nähen, Knopf befestigen (S. 35 – **18**)

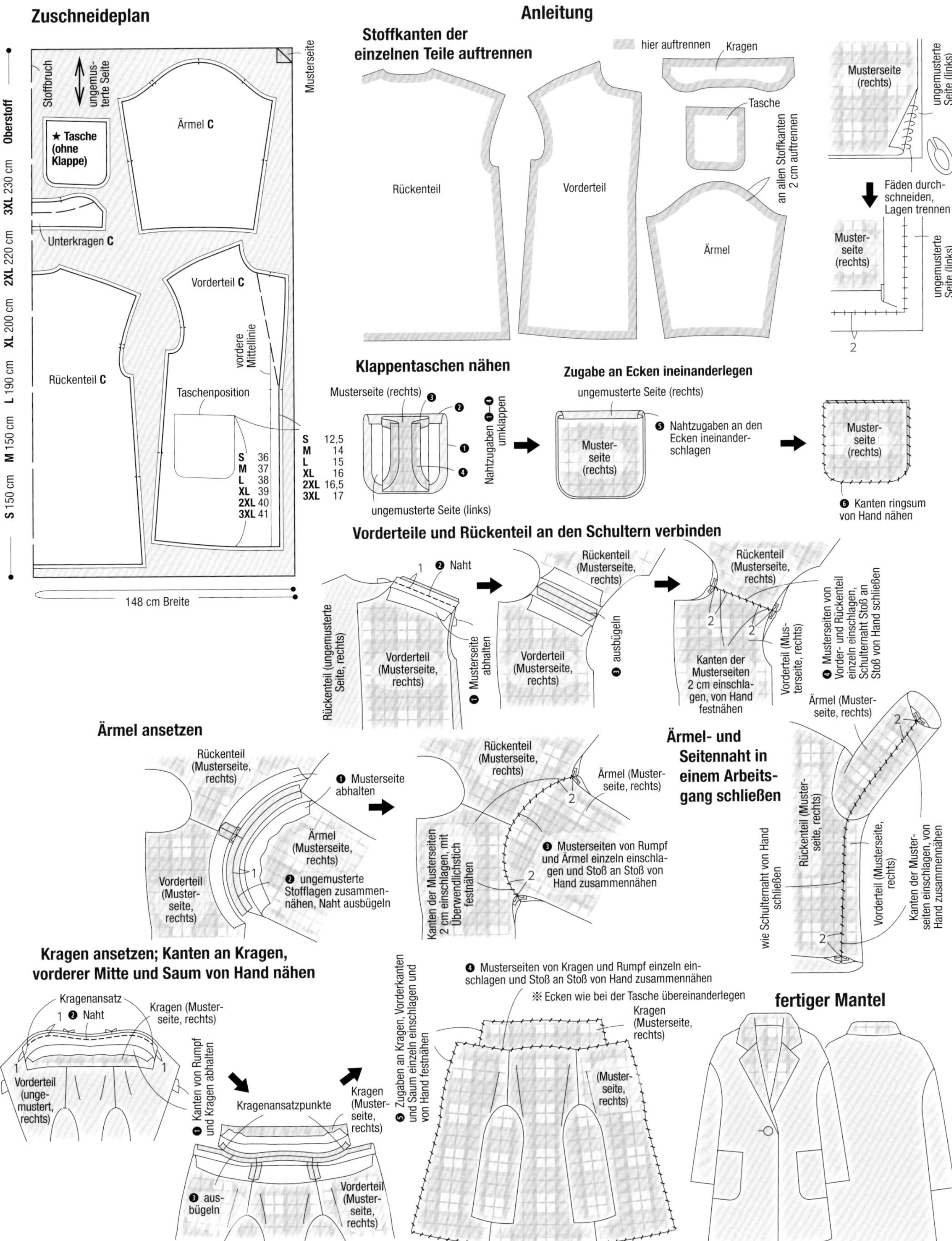

Zuschneideplan
Stoffbruch
ungemusterte Seite
Musterseite
★ Tasche (ohne Klappe)
Ärmel C
Unterkragen C
Vorderteil C
Rückenteil C
vordere Mittellinie
Taschenposition
S 36
M 37
L 38
XL 39
2XL 40
3XL 41
S 12,5
M 14
L 15
XL 16
2XL 16,5
3XL 17
Oberstoff
S 150 cm M 150 cm L 190 cm XL 200 cm 2XL 220 cm 3XL 230 cm
148 cm Breite
Anleitung
Stoffkanten der einzelnen Teile auftrennen
hier auftrennen
Kragen
Tasche
an allen Stoffkanten 2 cm auftrennen
Rückenteil
Vorderteil
Ärmel
Musterseite (rechts)
ungemusterte Seite (links)
Fäden durchschneiden, Lagen trennen
Muster-seite (rechts)
ungemusterte Seite (links)
2
Klappentaschen nähen
Musterseite (rechts)
❶ ❷ ❸ ❹
Nahtzugaben ❶–❹ umklappen
ungemusterte Seite (links)
Zugabe an Ecken ineinanderlegen
ungemusterte Seite (rechts)
Muster-seite (rechts)
❺ Nahtzugaben an den Ecken ineinanderschlagen
Muster-seite (rechts)
❻ Kanten ringsum von Hand nähen
Vorderteile und Rückenteil an den Schultern verbinden
1
❷ Naht
Rückenteil (ungemusterte Seite, rechts)
Vorderteil (Musterseite, rechts)
❶ Musterseite abhalten
Rückenteil (Musterseite, rechts)
Vorderteil (Musterseite, rechts)
❸ ausbügeln
Rückenteil (Musterseite, rechts)
2
Kanten der Musterseiten 2 cm einschlagen, von Hand festnähen
Vorderteil (Musterseite, rechts)
❹ Musterseiten von Vorder- und Rückenteil einzeln einschlagen, Schulternaht Stoß an Stoß von Hand schließen
Ärmel ansetzen
Rückenteil (Musterseite, rechts)
❶ Musterseite abhalten
Ärmel (Musterseite, rechts)
1
Vorderteil (Musterseite, rechts)
❷ ungemusterte Stofflagen zusammennähen, Naht ausbügeln
Rückenteil (Musterseite, rechts)
Ärmel (Musterseite, rechts)
2
Kanten der Musterseiten 2 cm einschlagen, mit Überwendlichstich festnähen
❸ Musterseiten von Rumpf und Ärmel einzeln einschlagen und Stoß an Stoß von Hand zusammennähen
Ärmel- und Seitennaht in einem Arbeitsgang schließen
Ärmel (Musterseite, rechts)
Rückenteil (Musterseite, rechts)
wie Schulternaht von Hand schließen
Vorderteil (Musterseite, rechts)
Kanten der Musterseiten einschlagen, von Hand zusammennähen
Kragen ansetzen; Kanten an Kragen, vorderer Mitte und Saum von Hand nähen
Kragenansatz
1 ❷ Naht
Kragen (Musterseite, rechts)
Vorderteil (ungemustert, rechts)
❶ Kanten von Rumpf und Kragen abhalten
Kragenansatzpunkte
Kragen (Musterseite, rechts)
❸ ausbügeln
Vorderteil (Musterseite, rechts)
❺ Zugaben an Kragen, Vorderkanten und Saum einzeln einschlagen und von Hand festnähen
❹ Musterseiten von Kragen und Rumpf einzeln einschlagen und Stoß an Stoß von Hand zusammennähen
※ Ecken wie bei der Tasche übereinanderlegen
Kragen (Musterseite, rechts)
(Musterseite, rechts)
fertiger Mantel

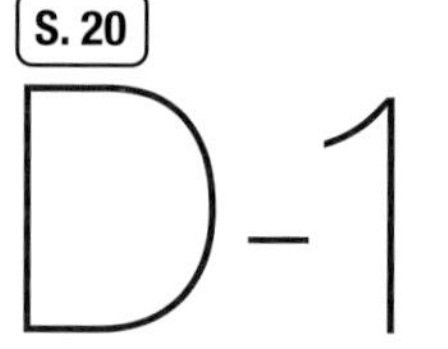

Mantel mit hoher Armkugel Grundschnitt

Schnittbogen C-Seite (D), B-Seite (Nahttasche)

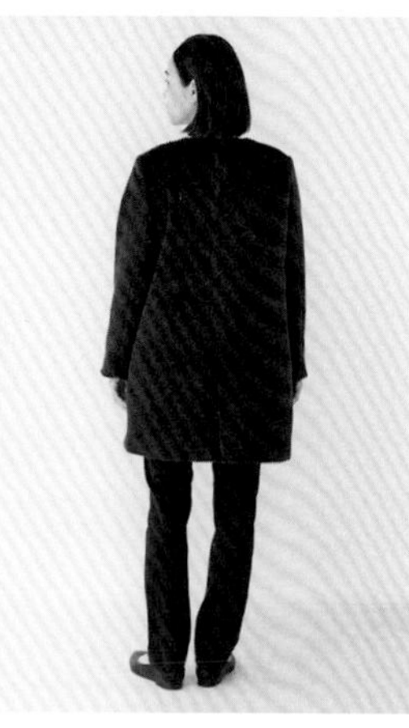

Abmessungen (in cm)

	S	M	L	XL	2XL	3XL
Brustumfang	99,5	105	111	115	119	124
halbe Schulterbreite	18,5	19,5	20,5	21	22	23
Länge	81	83	85	87,5	89,5	91,5
Ärmellänge	56	57,5	59	60,5	61,5	62,5

Materialien

<Stoff>

- ○ langfloriger Wollstoff: 148 cm breit,
  S 2,00 m **M** 2,00 m **L** 2,20 m **XL** 2,40 m
  2XL 2,50 m **3XL** 2,70 m
- ○ Futterstoff: 137 cm breit,
  S 1,70 m **M** 1,80 m **L** 1,80 m **XL** 1,90 m
  2XL 2,00 m **3XL** 2,10 m

<Zubehör>

- ○ Bügeleinlage: 90 cm breit, 2,50 m
- ○ Kantenband (9 mm breit)
- ○ 4 Druckknöpfe (25 mm Durchmesser)

Zu beachten

- ○ Für den rückwärtigen Schlitz werden rechtes und linkes Rückenteil unterschiedlich zugeschnitten.
- ○ Die Ärmel lassen sich leichter einsetzen, wenn die Armkugel zuvor leicht gekräuselt wird.

Nähablauf

(Stoff nach Plan zuschneiden. Einlagen von links auf den Oberstoff bügeln.)

<Rumpf nähen>

1 Kantenband auf Vorderteilen anbringen (Abb.)
2 Hintere Mittelnaht schließen, Schlitz nähen (Abb.)
3 Schulternähte schließen (S. 31 – **3**)
4 Seitennähte schließen, dabei Nahttaschen einarbeiten (S. 37)
5 Ärmel nähen und einsetzen (Abb.)

<Futterrumpf nähen>

6 Mittelnaht des Rückenfutters schließen (Abb.)
7 Futterrumpf nähen (S. 32 – **6**)
8 Futterärmel nähen und einsetzen (Abb.)

<Oberstoff- und Futterrumpf verbinden>

9 Oberstoff- und Futterrumpf zusammennähen (S. 47 – **8**)
10 Schulternähte innen anheften (S. 34 – **12**)
11 Ärmelsäume nähen, Ärmel innen anheften (S. 34 – **13**)
12 Oberstoff- und Futterrumpf am unteren Saum zusammennähen (Abb. **12**)
13 Saum anheften (S. 34 – **14**)
14 Seitennähte von innen anheften (S. 34 – **15**)
15 Mantel wenden (S. 35 – **16**)

<Fertigstellen>

16 Saum fertigstellen (S. 35 – **17**)
17 Schlitz von Hand fertigstellen (Abb. **17**)
18 Druckknöpfe anbringen (Abb. **18**)

Zuschneideplan

Oberstoff
S 200 cm M 200 cm L 220 cm XL 240 cm 2XL 250 cm 3XL 270 cm
Bruch
linke Seite
rechte Stoffseite
Ärmel D
Vorderteil D
★ Nahttasche Taschenbeutel hinten ※ Taschenbeutel inkl. Nahtzugabe
hinterer Beleg (an Futter Rückenteil)
Rückenteil D
links
rechts
Nahtende
vorderer Beleg (an Futter Vorderteil)
hier Einlage aufbügeln
Nahtzugabe 1,5 cm, wenn nicht anders angegeben
148 cm Breite

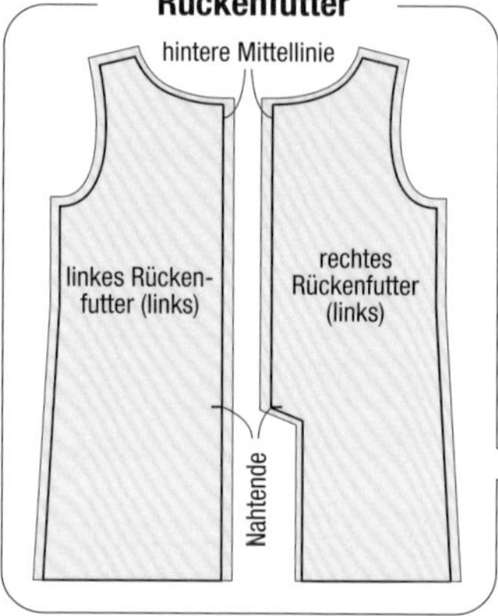

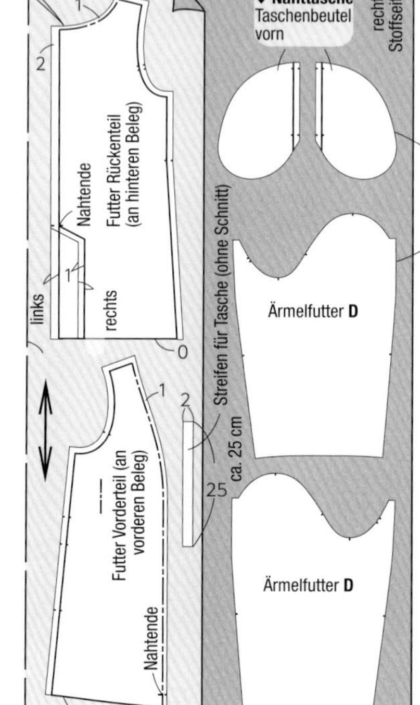

Anleitung

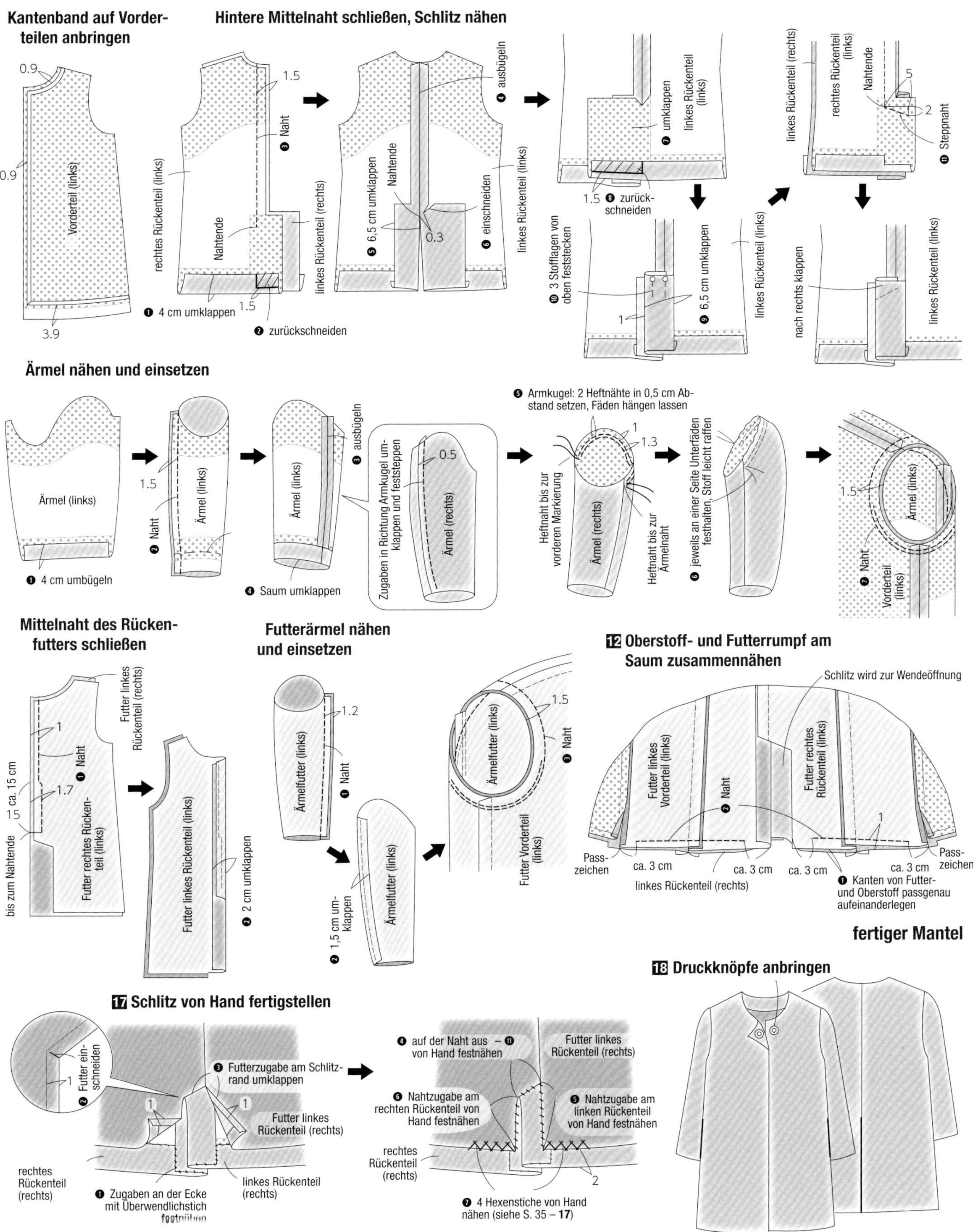

Kantenband auf Vorderteilen anbringen
0.9
0.9
Vorderteil (links)
3.9
Hintere Mittelnaht schließen, Schlitz nähen
1.5
❸ Naht
rechtes Rückenteil (links)
Nahtende
linkes Rückenteil (rechts)
❶ 4 cm umklappen
1.5
❷ zurückschneiden
❹ ausbügeln
❺ 6,5 cm umklappen
Nahtende
0.3
❻ einschneiden
linkes Rückenteil (links)
❼ umklappen
linkes Rückenteil (links)
1.5 ❽ zurückschneiden
❿ 3 Stofflagen von oben feststecken
1
❾ 6,5 cm umklappen
linkes Rückenteil (links)
linkes Rückenteil (rechts)
rechtes Rückenteil (links)
Nahtende
5
2
⓫ Steppnaht
nach rechts klappen
linkes Rückenteil (links)
Ärmel nähen und einsetzen
Ärmel (links)
❶ 4 cm umbügeln
1.5
❷ Naht
Ärmel (links)
Ärmel (links)
❸ ausbügeln
❹ Saum umklappen
Zugaben in Richtung Armkugel umklappen und feststeppen
0.5
Ärmel (rechts)
❺ Armkugel: 2 Heftnähte in 0,5 cm Abstand setzen, Fäden hängen lassen
1
1.3
Heftnaht bis zur vorderen Markierung
Ärmel (rechts)
Heftnaht bis zur Ärmelnaht
❻ jeweils an einer Seite Unterfäden festhalten, Stoff leicht raffen
1.5
Ärmel (links)
❼ Naht
Vorderteil (links)
Mittelnaht des Rückenfutters schließen
Futter linkes Rückenteil (rechts)
1
❶ Naht
ca. 15 cm
1.7
15
bis zum Nahtende
Futter rechtes Rückenteil (links)
Futter linkes Rückenteil (links)
❷ 2 cm umklappen
Futterärmel nähen und einsetzen
1.2
Ärmelfutter (links)
❶ Naht
❷ 1,5 cm umklappen
Ärmelfutter (links)
1.5
Ärmelfutter (links)
❸ Naht
Futter Vorderteil (links)
12 Oberstoff- und Futterrumpf am Saum zusammennähen
Schlitz wird zur Wendeöffnung
Futter linkes Vorderteil (links)
❷ Naht
Futter rechtes Rückenteil (links)
1
Passzeichen
ca. 3 cm
ca. 3 cm
ca. 3 cm
ca. 3 cm
Passzeichen
linkes Rückenteil (rechts)
❶ Kanten von Futter- und Oberstoff passgenau aufeinanderlegen
fertiger Mantel
18 Druckknöpfe anbringen
17 Schlitz von Hand fertigstellen
❷ Futter einschneiden
1
1
1
❸ Futterzugabe am Schlitzrand umklappen
Futter linkes Rückenteil (rechts)
rechtes Rückenteil (rechts)
❶ Zugaben an der Ecke mit Überwendlichstich festnähen
linkes Rückenteil (rechts)
❹ auf der Naht aus – ⓫ von Hand festnähen
Futter linkes Rückenteil (rechts)
❻ Nahtzugabe am rechten Rückenteil von Hand festnähen
❺ Nahtzugabe am linken Rückenteil von Hand festnähen
rechtes Rückenteil (rechts)
2
❼ 4 Hexenstiche von Hand nähen (siehe S. 35 – 17)

Dufflecoat mit hoher Armkugel

Schnittbogen C-Seite (D), B-Seite (Klappentasche)

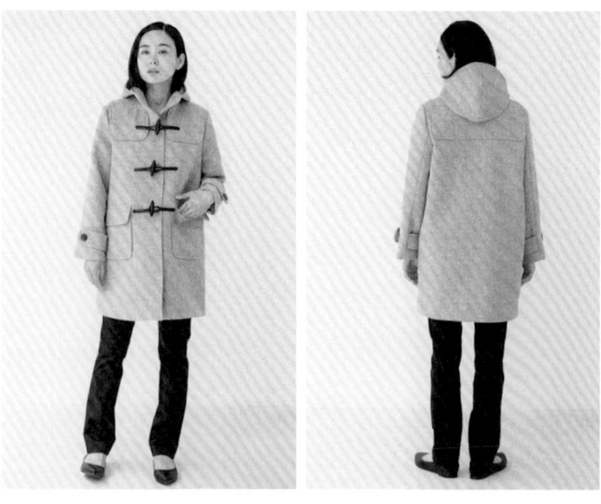

Taschen- und Knopfpositionen

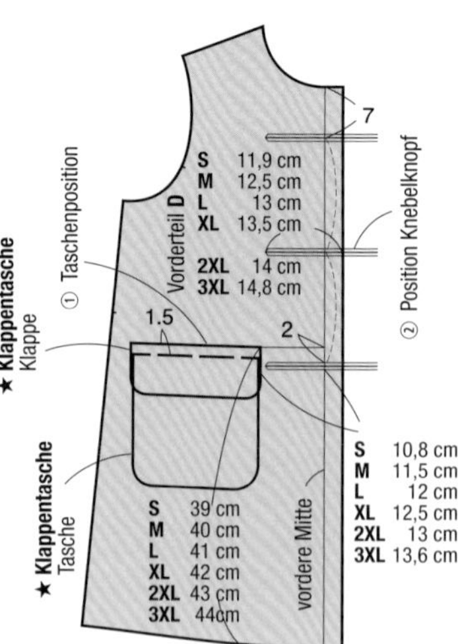

Abmessungen (in cm)

	S	M	L	XL	2XL	3XL
Brustumfang	99,5	105	111	115	119	124
halbe Schulterbreite	18,5	19,5	20,5	21	22	23
Länge	81	83	85	87,5	89,5	91,5
Ärmellänge	56	57,5	59	60,5	61,5	62,5

Materialien

<Stoff>

○ dicker Wollstoff: 150 cm breit,
S 2,30 m M 2,40 m L 2,50 m XL 2,90 m 2XL 3,00 m 3XL 3,10 m

○ Futterstoff: 137 cm breit,
S 1,60 m **M** 1,60 m **L** 1,70 m **XL** 1,80 m **2XL** 1,90 m **3XL** 2,10 m

<Zubehör>

○ Bügeleinlage: 90 cm breit, 2,80 m

○ Kantenband (9 mm breit)

○ Lederband: 5 mm breit,
S 20,5 cm **M** 22 cm **L** 23 cm **XL** 24 cm **2XL** 25 cm **3XL** 26,5 cm lang, je 6 Stück

○ 3 Knebelknöpfe (60 mm)

○ 3 Knöpfe (25 mm Durchmesser)

Zu beachten

○ Das Zusammennähen mehrerer Lagen fällt leichter, wenn man sie vorher flach bügelt.

○ Die Taschen erst nach dem Schließen der Seitennähte aufnähen, da sie dicht daran sitzen.

Nähablauf

(Papierschnitt **D** abändern. Stoff nach Plan zuschneiden. Einlage von links auf den Oberstoff bügeln.)

<Rumpf nähen>

1 Band auf Vorderteile und Kapuze bügeln (Abb.)
2 Rumpf nähen (S. 31 – **3**)
3 Taschen nähen, auf Vorderteile setzen (S. 36)
4 Koller und Ärmelspangen nähen und an Rumpf bzw. Ärmeln anbringen (Abb.)
5 Ärmel nähen und einsetzen (S. 65 – **5**)
6 Kapuze nähen und ansetzen (Abb.)

<Futterrumpf nähen>

7 Futterrumpf nähen (S. 32 – **6**)
8 Futterärmel nähen und einsetzen (S. 65 – **8**)
9 Kapuzenfutter nähen und ansetzen (Abb.)

<Oberstoff- und Futterrumpf verbinden>

10 Oberstoff- und Futterrumpf verbinden (Abb. **1**)
11 Schulternähte von innen anheften (S. 34 – **12**)
12 Ärmelsäume nähen, Ärmel anheften (S. 34 – **13**)
13 Saum anheften und nähen (S. 34 – **14**)
14 Seitennähte von innen anheften (S. 34 – **15**)
15 Mantel wenden (S. 35 – **16**)

<Fertigstellen>

16 Saum fertigstellen (S. 35 – **17**)
17 Knopfloch nähen, Knöpfe befestigen (Abb. **17**)
18 Knebelknöpfe und Lederbänder anbringen (Abb. **18**)

Zuschneideplan

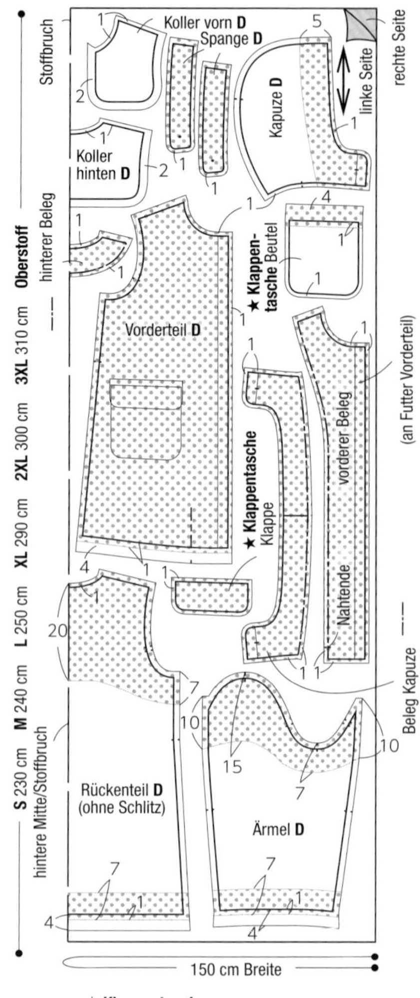

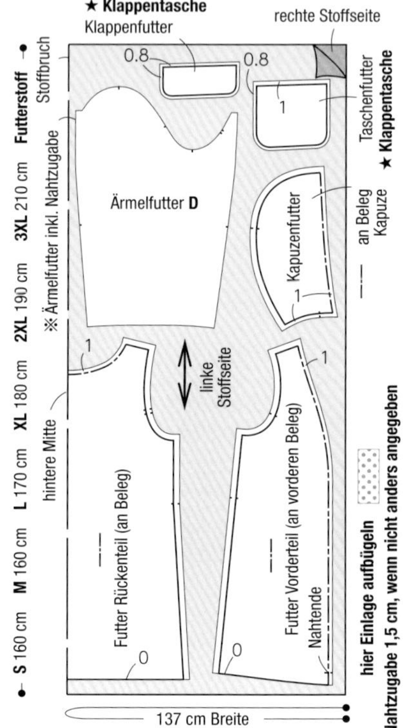

Anleitung

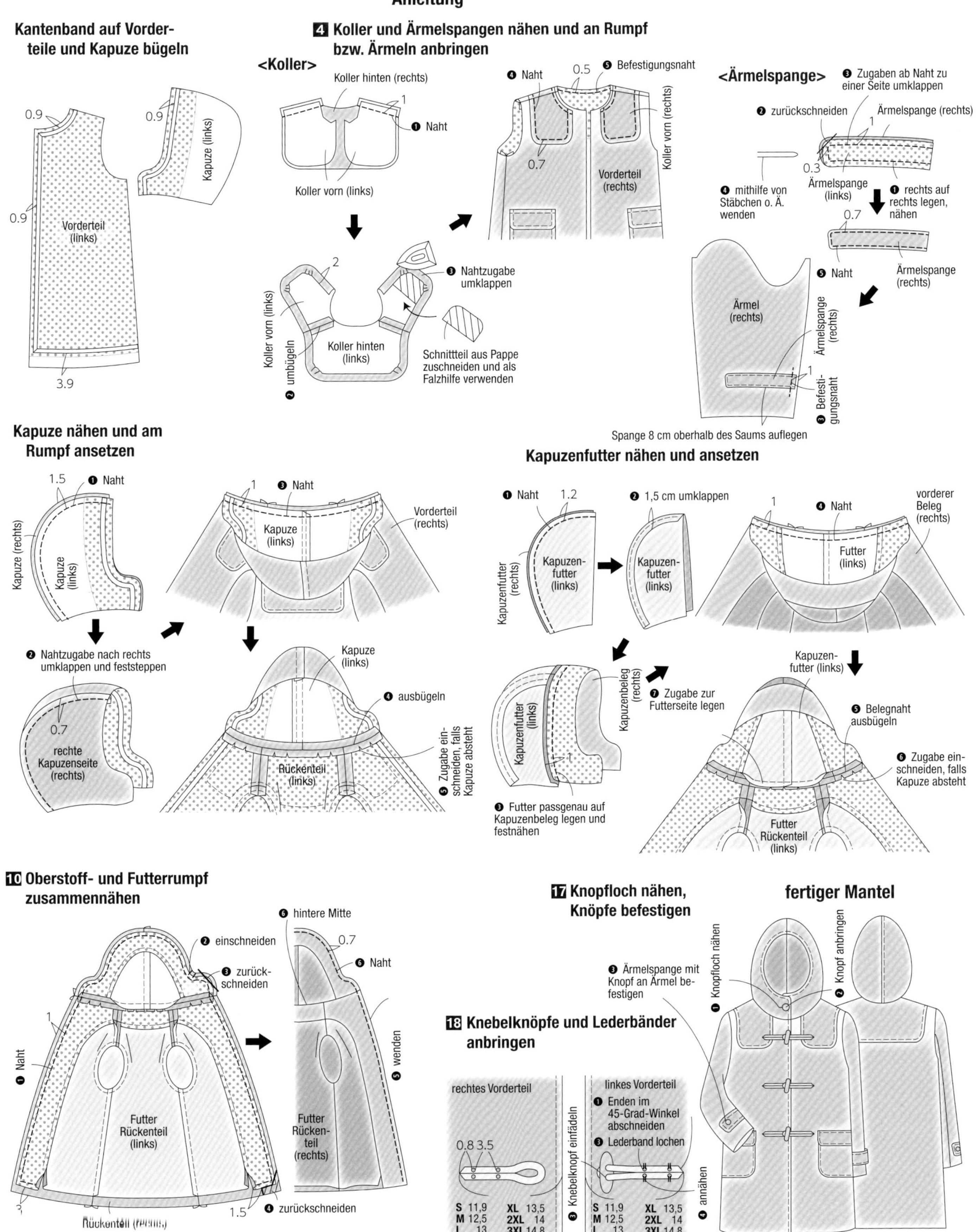

Kantenband auf Vorderteile und Kapuze bügeln
0.9
0.9
0.9
Vorderteil (links)
Kapuze (links)
3.9
4 Koller und Ärmelspangen nähen und an Rumpf bzw. Ärmeln anbringen
<Koller>
Koller hinten (rechts)
1
❶ Naht
Koller vorn (links)
2
❸ Nahtzugabe umklappen
Koller vorn (links)
❷ umbügeln
Koller hinten (links)
Schnittteil aus Pappe zuschneiden und als Falzhilfe verwenden
❹ Naht
0.5
❺ Befestigungsnaht
0.7
Vorderteil (rechts)
Koller vorn (rechts)
<Ärmelspange>
❸ Zugaben ab Naht zu einer Seite umklappen
❷ zurückschneiden
Ärmelspange (rechts)
1
0.3
Ärmelspange (links)
❹ mithilfe von Stäbchen o. Ä. wenden
❶ rechts auf rechts legen, nähen
0.7
❺ Naht
Ärmelspange (rechts)
Ärmel (rechts)
Ärmelspange (rechts)
1
❸ Befestigungsnaht
Spange 8 cm oberhalb des Saums auflegen
Kapuze nähen und am Rumpf ansetzen
1.5
❶ Naht
Kapuze (rechts)
Kapuze (links)
❷ Nahtzugabe nach rechts umklappen und feststeppen
0.7
rechte Kapuzenseite (rechts)
1
❸ Naht
Kapuze (links)
Vorderteil (rechts)
Kapuze (links)
❹ ausbügeln
Rückenteil (links)
❺ Zugabe einschneiden, falls Kapuze absteht
Kapuzenfutter nähen und ansetzen
❶ Naht
1.2
Kapuzenfutter (rechts)
Kapuzenfutter (links)
❷ 1,5 cm umklappen
Kapuzenfutter (links)
1
❹ Naht
Futter (links)
vorderer Beleg (rechts)
Kapuzenfutter (links)
Kapuzenbeleg (rechts)
1
❸ Futter passgenau auf Kapuzenbeleg legen und festnähen
❼ Zugabe zur Futterseite legen
Kapuzenfutter (links)
❺ Belegnaht ausbügeln
❻ Zugabe einschneiden, falls Kapuze absteht
Futter Rückenteil (links)
10 Oberstoff- und Futterrumpf zusammennähen
❷ einschneiden
❸ zurückschneiden
1
❶ Naht
Futter Rückenteil (links)
3
1.5
❹ zurückschneiden
Rückenteil (rechts)
❻ hintere Mitte
0.7
❻ Naht
❺ wenden
Futter Rückenteil (rechts)
17 Knopfloch nähen, Knöpfe befestigen
fertiger Mantel
❸ Ärmelspange mit Knopf an Ärmel befestigen
❶ Knopfloch nähen
❷ Knopf anbringen
18 Knebelknöpfe und Lederbänder anbringen
rechtes Vorderteil
0.8 3.5
S 11,9 M 12,5 L 13
XL 13,5 2XL 14 3XL 14,8
❸ Knebelknopf einfädeln
linkes Vorderteil
❶ Enden im 45-Grad-Winkel abschneiden
❷ Lederband lochen
S 11,9 M 12,5 L 13
XL 13,5 2XL 14 3XL 14,8
❹ annähen

S. 26

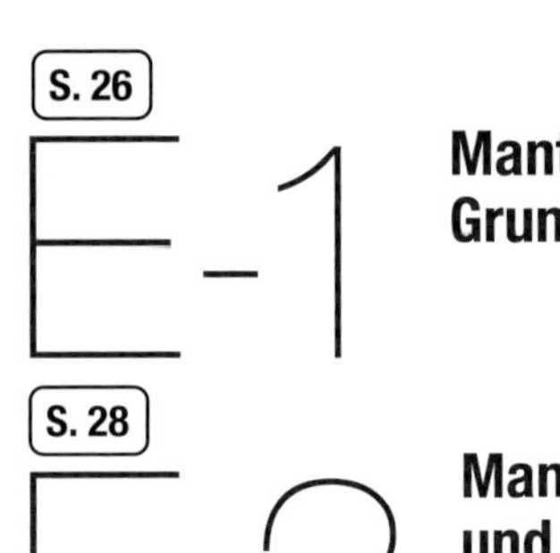

E-1 Mantel mit Kimonoärmeln Grundschnitt

S. 28

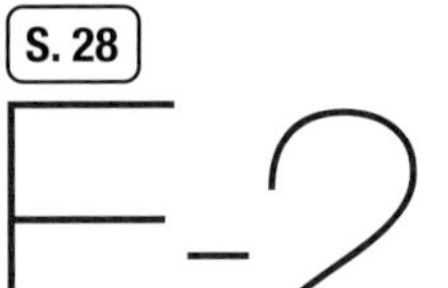

E-2 Mantel mit Kimonoärmeln und offenem Reverskragen

Schnittbogen D-Seite (E)

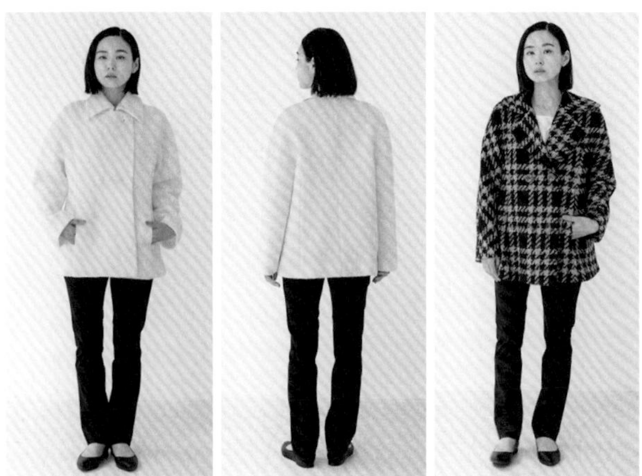

Abmessungen (in cm)

	S	M	L	XL	2XL	3XL
Brustumfang	97	102,5	108	112	116,5	121
halbe Schulterbreite	17,5	18,5	19,5	20,5	21	22
Länge	71	73	75	77	78,5	80,5
Ärmellänge	56	58	59,5	61	62	63

E-1 E-2

Zuschneideplan

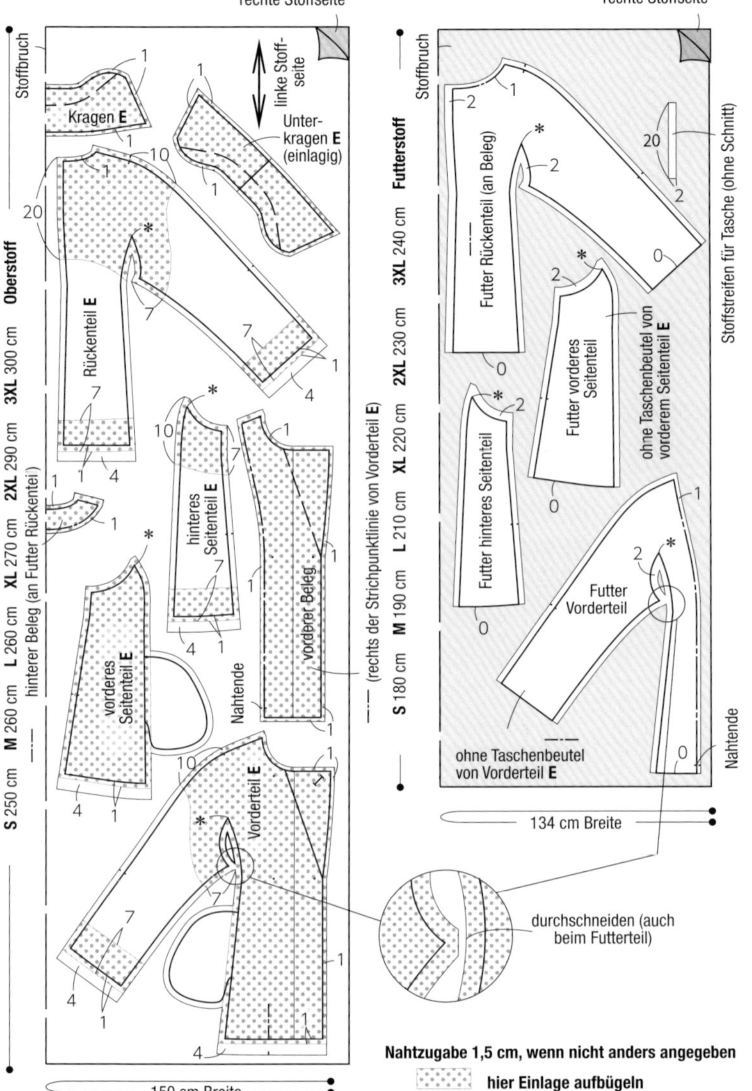

Materialien

<Stoff>

○ **E-1** Strickloden, **E-2** dicker Wollstoff mit Alpaka: 150 cm breit, **S** 2,50 m **M** 2,60 m **L** 2,60 m **XL** 2,70 m **2XL** 2,90 m **3XL** 3,00 m

○ Futterstoff: 134 cm breit, **S** 1,80 m **M** 1,90 m **L** 2,10 m **XL** 2,20 m **2XL** 2,30 m **3XL** 2,40 m

<Zubehör>

○ Bügeleinlage: 90 cm breit, 3,30 m

○ Kantenband (9 mm breit)

○ **E-1:** 4 Knöpfe (27 mm Durchmesser), **E-2:** 2 Knöpfe (30 mm Durchmesser)

○ **E-1:** 2 Gegenknöpfe (20 mm Durchmesser), **E-2:** 1 Gegenknopf (20 mm Durchmesser)

Zu beachten

○ Das Nähen fällt leichter, wenn die Markierungen auf dem Schnittmuster präzise auf den Stoff übertragen werden (siehe S. 43).

Nähablauf

(Stoff nach Plan zuschneiden. Einlage von links auf den Oberstoff bügeln.)

<Rumpf nähen>

1 Kantenband auf Vorderteilen anbringen (Abb.)

2 Vordere Teilungsnähte schließen, dabei Taschenbeutel schließen (Abb.)

3 Hintere Teilungsnähte schließen (Abb.)

4 Schulter-, Ärmel-, Seiten- und Achselnähte schließen (Abb.)

5 Unterkragen an Rumpf ansetzen (S. 31 – **4**)

<Futterrumpf nähen>

6 Vordere Belege an Vorderteilfutter nähen (S. 32 – **6.23**)

7 Mittelnaht des Rückenfutters schließen (Abb.)

8 Rückenteilfutter an hinteren Beleg nähen (S. 32 – **6.1**)

9 Futterseitenteile an Rumpfteile nähen (Abb.)

10 Schulter-, Ärmel-, Seiten- und Achselnähte am Futter schließen (Abb. **1**)

11 Kragen an Futterrumpf ansetzen (S. 32 – **7**)

<Oberstoff- und Futterrumpf verbinden>

12 Oberstoff- an Futterrumpf nähen (S. 33 – **9**)

13 Schulternähte von innen anheften (S. 34 – **12**)

14 Ärmelsäume nähen, Ärmel anheften (S. 34 – **13**)

15 Saum anheften und nähen (S. 34 – **14**)

16 Seitennähte von innen anheften (S. 34 – **15**)

17 Mantel wenden (S. 35 – **16**)

<Fertigstellen>

18 Saum fertigstellen (S. 35 – **17**)

18 Knopflöcher nähen, Knöpfe anbringen (Abb. **19**)

Anleitung

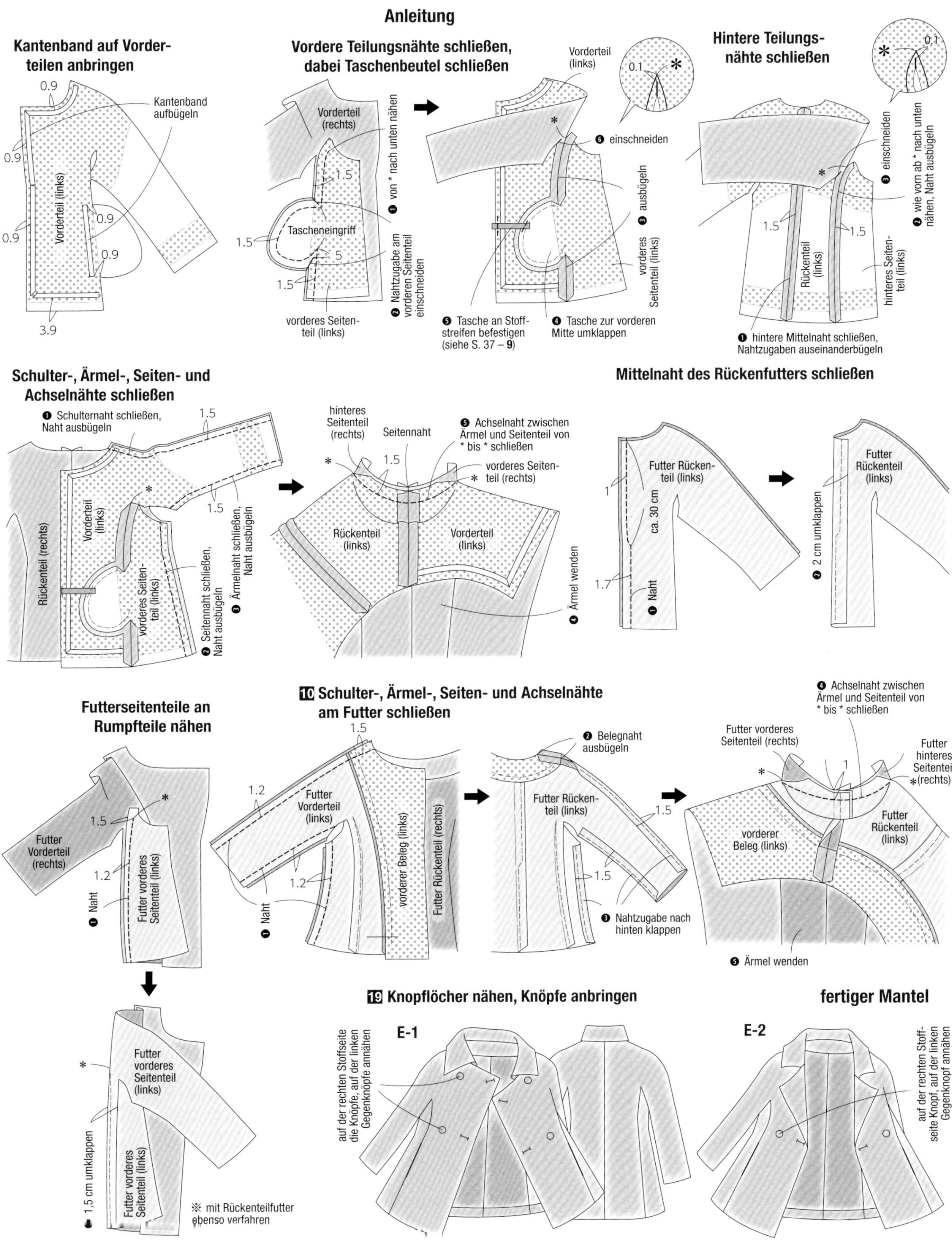

Kantenband auf Vorderteilen anbringen
0.9
Kantenband aufbügeln
0.9
0.9
0.9
0.9
Vorderteil (links)
3.9
Vordere Teilungsnähte schließen, dabei Taschenbeutel schließen
Vorderteil (rechts)
1.5
Tascheneingriff
1.5
5
1.5
vorderes Seitenteil (links)
❶ von * nach unten nähen
❷ Nahtzugabe am vorderen Seitenteil einschneiden
Vorderteil (links)
0.1
❻ einschneiden
❸ ausbügeln
vorderes Seitenteil (links)
❺ Tasche an Stoffstreifen befestigen (siehe S. 37 – 9)
❹ Tasche zur vorderen Mitte umklappen
Hintere Teilungsnähte schließen
0.1
❸ einschneiden
❷ wie vorn ab * nach unten nähen, Naht ausbügeln
1.5
1.5
Rückenteil (links)
hinteres Seitenteil (links)
❶ hintere Mittelnaht schließen, Nahtzugaben auseinanderbügeln
Schulter-, Ärmel-, Seiten- und Achselnähte schließen
❶ Schulternaht schließen, Naht ausbügeln
1.5
1.5
Rückenteil (rechts)
Vorderteil (links)
vorderes Seitenteil (links)
❷ Seitennaht schließen, Naht ausbügeln
❸ Ärmelnaht schließen, Naht ausbügeln
hinteres Seitenteil (rechts)
Seitennaht
1.5
❺ Achselnaht zwischen Ärmel und Seitenteil von * bis * schließen
vorderes Seitenteil (rechts)
Rückenteil (links)
Vorderteil (links)
❹ Ärmel wenden
Mittelnaht des Rückenfutters schließen
Futter Rückenteil (links)
1
ca. 30 cm
1.7
❶ Naht
Futter Rückenteil (links)
❷ 2 cm umklappen
Futterseitenteile an Rumpfteile nähen
Futter Vorderteil (rechts)
1.5
1.2
❶ Naht
Futter vorderes Seitenteil (links)
Futter vorderes Seitenteil (links)
❷ 1,5 cm umklappen
Futter vorderes Seitenteil (links)
※ mit Rückenteilfutter ebenso verfahren
10 Schulter-, Ärmel-, Seiten- und Achselnähte am Futter schließen
1.5
1.2
Futter Vorderteil (links)
1.2
❶ Naht
vorderer Beleg (links)
Futter Rückenteil (rechts)
❷ Belegnaht ausbügeln
Futter Rückenteil (links)
1.5
1.5
❸ Nahtzugabe nach hinten klappen
❹ Achselnaht zwischen Ärmel und Seitenteil von * bis * schließen
Futter vorderes Seitenteil (rechts)
Futter hinteres Seitenteil (rechts)
1
vorderer Beleg (links)
Futter Rückenteil (links)
❺ Ärmel wenden
19 Knopflöcher nähen, Knöpfe anbringen
E-1
auf der rechten Stoffseite die Knöpfe, auf der linken Gegenknöpfe annähen
fertiger Mantel
E-2
auf der rechten Stoffseite Knopf, auf der linken Gegenknopf annähen

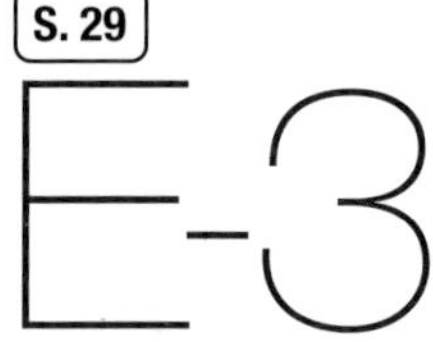

Kragenloser Langmantel mit Kimonoärmeln

Schnittbogen D-Seite (E)

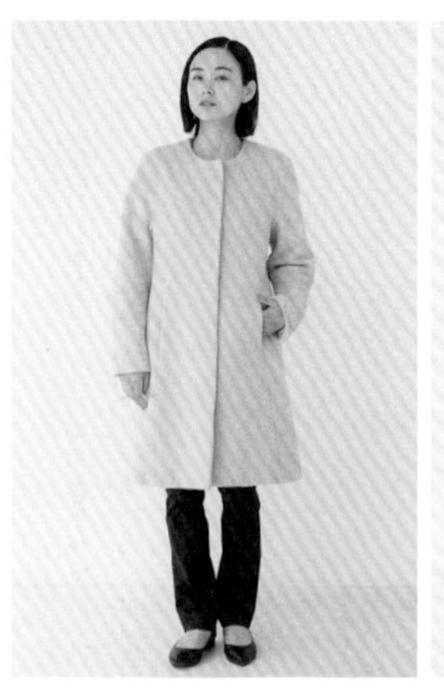
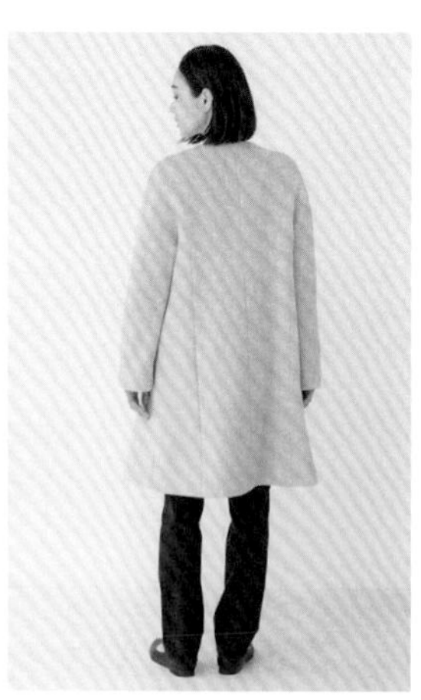

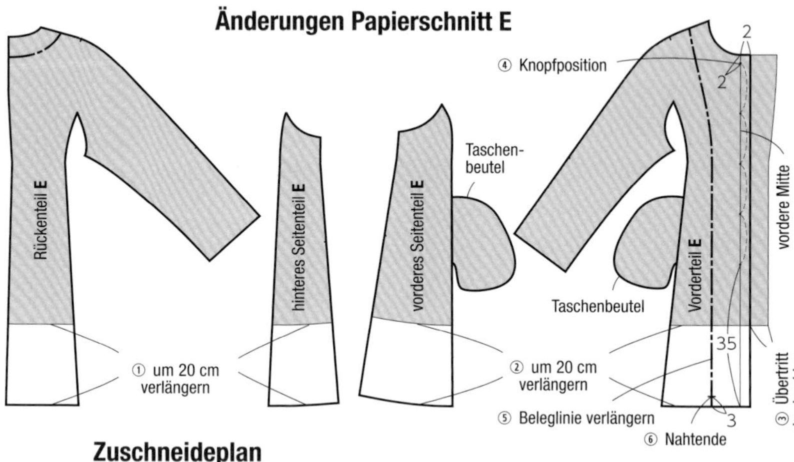

Abmessungen (in cm)

	S	M	L	XL	2XL	3XL
Brustumfang	97	102,5	108	112	116,5	121
halbe Schulterbreite	17,5	18,5	19,5	20,5	21	22
Länge	91	93	95	97	98,5	100,5
Ärmellänge	56	58	59,5	61	62	63

Materialien

<Stoff>

○ dicker Wollstoff mit Kaschmir: 150 cm breit,
S 2,60 m **M** 2,70 m **L** 2,80 m **XL** 3,00 m **2XL** 3,10 m **3XL** 3,40m

○ Futterstoff: 137 cm breit,
S 2,20 m **M** 2,20 m **L** 2,40 m **XL** 2,70 m **2XL** 2,80 m **3XL** 2,90 m

<Zubehör>

○ Bügeleinlage: 90 cm breit, 2,50 m

○ Kantenband (9 mm breit)

○ 5 Knöpfe (20 mm Durchmesser)

Zu beachten

○ Bei der verdeckten Knopfleiste werden die Knopflöcher in den Beleg gearbeitet. Damit die Knöpfe zwischen den Lagen nicht auftragen, sollten sie flach sein.

○ Das Nähen fällt leichter, wenn die Markierungen auf dem Schnittmuster präzise auf den Stoff übertragen werden (siehe S. 43).

Zuschneideplan

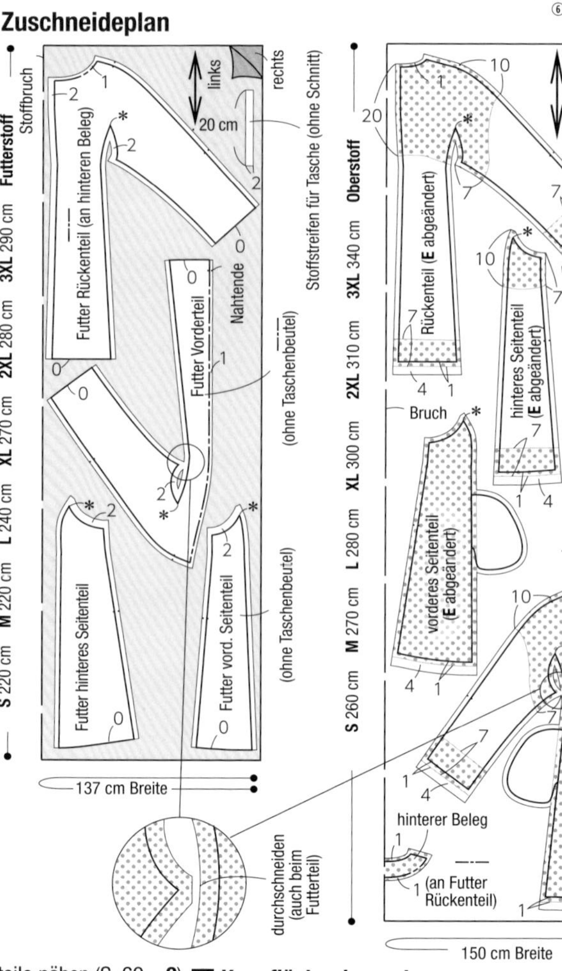

Nähablauf

(Papierschnitt **E** abändern. Stoff nach Plan zuschneiden. Einlagen von links auf den Oberstoff bügeln.)

<Rumpf nähen>

1. Knopflöcher in vorderen Beleg nähen (Abb.)
2. Kantenband auf vord. Beleg bügeln (S. 69 – **1**)
3. Vordere Teilungsnähte schließen, dabei Taschenbeutel schließen (S. 69 – **2**)
4. Hintere Teilungsnähte schließen (S. 69 – **3**)
5. Schulter-, Ärmel-, Seiten- und Achselnähte schließen (S. 69 – **4**)

<Futterrumpf nähen>

6. Vordere Belege an Vorderteilfutter nähen (S. 32 – **6.2**, **6.3**)
7. Mittelnaht d. Rückenfutters schließen (S. 69 – **7**)
8. Rückenteilfutter an hinteren Beleg nähen (S. 32 – **6.1**)
9. Futterseitenteile an Rumpfteile nähen (S. 69 – **9**)
10. Schulter-, Ärmel-, Seiten- und Achselnähte am Futterrumpf schließen (S. 69 – **10**)

<Oberstoff- und Futterrumpf verbinden>

11. Oberstoff- an Futterrumpf nähen (S. 33 – **9**)
12. Schulternähte von innen anheften (S. 34 – **12**)
13. Ärmelsäume nähen, Ärmel anheften (S. 34 – **13**)
14. Saum anheften und nähen (S. 34 – **14**)
15. Seitennähte von innen anheften (S. 34 – **15**)
16. Mantel wenden (S. 35 – **16**)

<Fertigstellen>

17. Saum fertigstellen (S. 35 – **17**)
18. Knöpfe annähen (Abb. **18**)

1 Knopflöcher in vorderen Beleg nähen

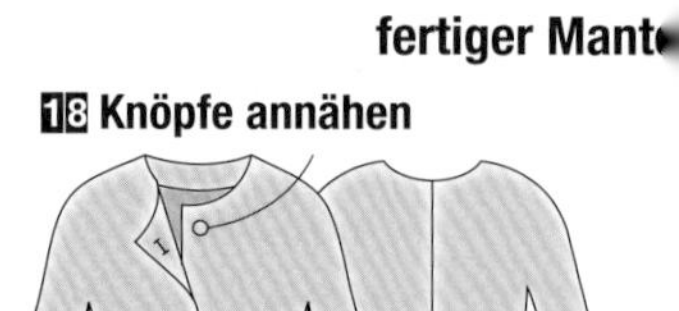

fertiger Mantel

18 Knöpfe annähen

S. 23

D-3 Langmantel mit hoher Armkugel, ungefüttert

Schnittbogen C-Seite (D), B-Seite (Leistentasche)

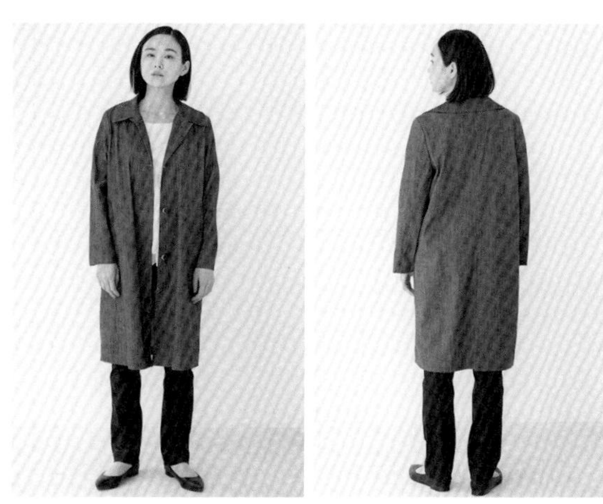

Abmessungen (in cm)

	S	M	L	XL	2XL	3XL
Brustumfang	99,5	105	111	115	119	124
halbe Schulterbreite	18,5	19,5	20,5	21	22	23
Länge	96	98	100	102,5	104,5	106,5
Ärmellänge	56	57,5	59	60,5	61,5	62,5

Materialien

<Stoff>

○ Baumwoll-Polyester-Gemisch mit Stretchanteil: 120 cm breit, **S** 2,90 m **M** 3,00 m **L** 3,20 m **XL** 3,40 m **2XL** 3,50 m **3XL** 3,80 m

<Zubehör>

○ Bügeleinlage: 90 cm breit, 1,10 m

○ 4 Knöpfe (22 mm Durchmesser)

Zu beachten

○ Für den rückwärtigen Schlitz werden rechtes und linkes Rückenteil unterschiedlich zugeschnitten.

○ Die Nahtzugaben mit Overlock- oder Zickzackstichen versäubern.

Nähablauf

(Papierschnitt **D** abändern. Stoff nach Plan zuschneiden. Einlage von links auf den Oberstoff bügeln.)

<Rumpf nähen>

1 Leistentaschen in Vorderteile einarbeiten (S. 39)
2 Hintere Mittelnaht schließen, Schlitz nähen (Abb.)
3 Kragen nähen (S. 61 – **3**)
4 Schulter- und Seitennähte schließen (S. 59 – **2**), Nahtzugaben nach vorn klappen und feststeppen (Abb.)
5 Vordere und hintere Belege zusammennähen (S. 59 – **5**)
6 Kragen ansetzen, Beleg an Halsnaht nähen (S. 62 – **12**)
7 Ärmel nähen (S. 65 – **5.1**, **5.2**), Zugaben im Overlockstich versäubern, nach vorn klappen und feststeppen (Abb.)
8 Ärmel einsetzen (S. 65 – **5.6**, **5.7**), Armausschnitte im Overlockstich versäubern
9 Saum und Ärmelsäume doppelt einschlagen und feststeppen (Abb.)
10 Nahtzugaben der Belege festnähen (S. 59 – **10**)
11 Knopflöcher nähen, Knöpfe befestigen (S. 35 – **18**)

Änderungen Papierschnitt D

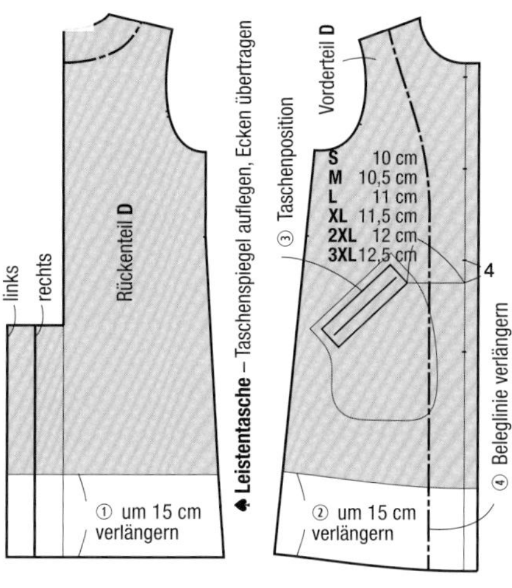

Anleitung

Hintere Mittelnaht schließen, Schlitz nähen

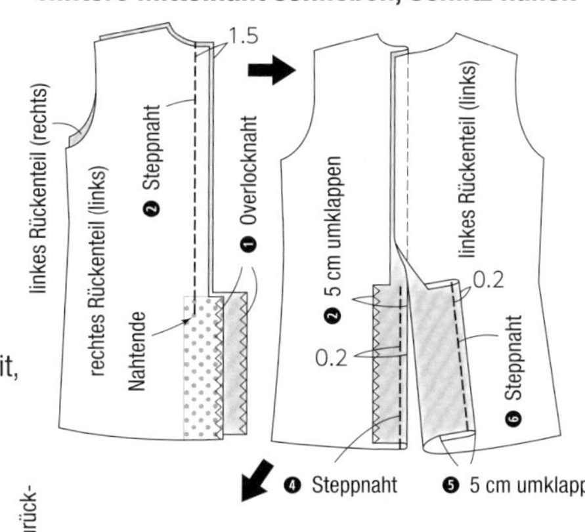

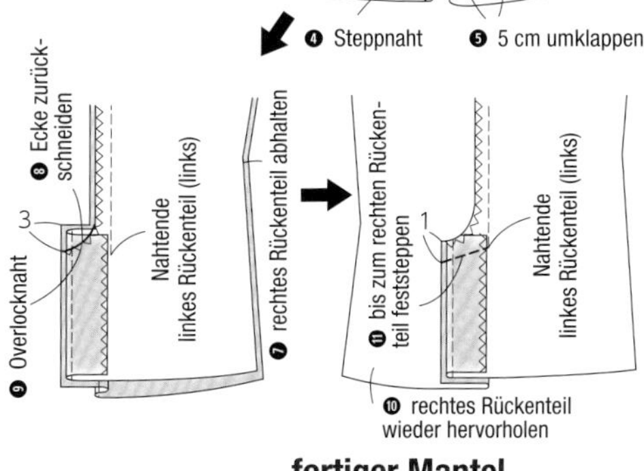

fertiger Mantel

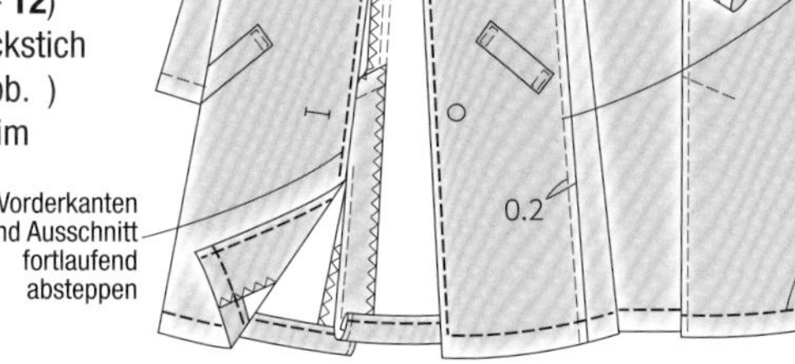

Nahtzugaben an Schulter- und Seitennähten nach vorn klappen und feststeppen

Ärmel-Nahtzugaben nach vorn klappen und feststeppen

Saum und Ärmelsäume doppelt einschlagen und feststeppen

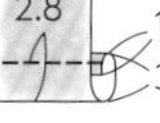

Zuschneideplan

Stoffbruch

Oberstoff

S 290 cm M 300 cm L 320 cm XL 340 cm 2XL 350 cm 3XL 380 cm

links / rechts

Ärmel D

Leistentasche Beutel

Kragen D

Unterkragen D (1 x)

Spiegel Leistentasche

Vorderteil (D abgeändert)

Leiste Leistentasche

hinterer Beleg

Rückenteil (D abgeändert)

vorderer Beleg

Nahtende

※ Taschenbeutel und Taschenspiegel inkl. Nahtzugabe

122 cm Breite

Nahtzugabe 1,5 cm, wenn nicht anders angegeben

hier Einlage aufbügeln

Yuko Katayama

Nach ihrem Abschluss am Bunka Fashion College arbeitete die Autorin als Redakteurin bei einer Zeitschrift für Handarbeiten und Nähen, wo sie schließlich die Leitung des Ressorts Schneiderei übernahm. Sie erklärt gern auf leicht verständliche Weise, wie sich schöne Schnittmuster in wenigen Arbeitsschritten umsetzen lassen. Als Näh-Expertin zeigt sie in ihrem Blog außerdem fortlaufend Techniken der Schneiderkunst.

Ikebukuro Sewing Studio
https://ameblo.jp/katagami-sewing

Original Japanese edition published by SHUFU-TO-SEIKATSU SHA LTD.

This German edition is published by SHUFU-TO-SEIKATSU SHA LTD.,
Tokyo in care of Tuttle-Mori Agency, Inc., Tokyo

Bibliografische Information der Deutschen Nationalbibliothek:
Die Deutsche Nationalbibliothek verzeichnet diese Publikation in der Deutschen Nationalbibliografie; detaillierte bibliografische Daten sind im Internet über http://dnb.de abrufbar.

2. erweiterte Auflage 2021

Stiebner Verlag GmbH
Hirtenweg 8 b
D-82031 Grünwald

www.stiebner.com

Übersetzung aus dem Japanischen:
Susanne Schmidt-Wussow
Satz und Redaktion der deutschen Ausgabe:
Gisela Witt für bookwise GmbH, München

ISBN 978-3-8307-2100-0

Printed in the EU

Wir produzieren unsere Bücher mit großer Sorgfalt und Genauigkeit. Trotzdem lässt es sich nicht ausschließen, dass uns in Einzelfällen Fehler passieren. Unter www.stiebner.com/errata/2074-4.html finden Sie eventuelle Hinweise und Korrekturen zu diesem Titel. Sollten Sie in diesem Buch einen Fehler finden, so bitten wir um einen Hinweis an verlag@stiebner.com. Für solche Hinweise sind wir sehr dankbar, denn sie helfen uns, unsere Bücher zu verbessern.